beck'sche
reihe

b^{sr}

Die Volksrepublik China ist kein so homogener Einheitsstaat wie es der Öffentlichkeit bisweilen erscheinen mag. 56 offiziell anerkannte nationale Minderheiten machen zwar nur acht Prozent der Bevölkerung aus, doch sie bewohnen mehr als die Hälfte des Staatsgebietes – und sie stellen etwa 100 Millionen Menschen. Wie geht China mit diesen Minderheiten um? Welche Traditionen werden gepflegt und wie sieht die politische Teilhabe aus? Es zeigt sich, dass die Politik der chinesischen Zentralgewalt höchst unterschiedlich ausfällt: Sie reicht von «positiver Diskriminierung», d. h. Außerkraftsetzen z. B. des Gebots der Ein-Kind-Familie, bis hin zu militärischer Unterdrückung, z. B. gegenüber Tibetern und Uiguren. In dem Buch wird das «andere China» kompakt und auf dem aktuellen Stand vorgestellt. Ein zentraler Beitrag zum Verständnis Chinas.

Klemens Ludwig, Autor zahlreicher Bücher und freier Journalist, war langjähriger Asienreferent der «Gesellschaft für bedrohte Völker». Bei C. H. Beck liegen von ihm vor: *Baltikum* (bsr 841), *Birma* (bsr 870), *Dalai Lama* (bsr 1846), *Estland* (bsr 881), *Lettland* (bsr 882) sowie *Tibet* (bsr 824).

Klemens Ludwig

Vielvölkerstaat
China   Die nationalen
Minderheiten im
Reich der Mitte

Verlag C. H. Beck

Mit 14 Abbildungen und 1 Karte

Originalausgabe

© Verlag C. H. Beck oHG, München 2009
Gesamtherstellung: Druckerei C. H. Beck, Nördlingen
Umschlaggestaltung: malsyteufel, Willich
Umschlagabbildung: © Gülsah Edis/malsyteufel
Printed in Germany
ISBN 978 3 406 59209 6

www.beck.de

Inhalt

100 Mio. «Minderheiten»

Es war eine beeindruckende Demonstration ethnischer Vielfalt: Während der Eröffnungsfeier der Olympischen Spiele von Beijing zeigten die Organisatoren nicht nur eine grandiose Schau mit den Höhepunkten aus 5000 Jahren chinesischer Geschichte. Auch nationale Minderheiten, von denen das Milliardenpublikum vor den Fernsehschirmen in allen Teilen der Welt noch nie gehört hatte, durften sich präsentieren. Dem Programm zufolge trugen «Kinder aus den 56 chinesischen Volksgruppen» eine überdimensionale rote Fahne der Volksrepublik China ins «Vogelnest», das neu errichtete Olympiastadion. Die traditionellen bunten Trachten der Kinder bildeten einen gelungenen Kontrast zu dem kühnen futuristischen Meisterwerk der Architektur, und die Botschaft an die Welt, die noch wenige Monate vorher von der Brutalität in Tibet geschockt war, lautete: Schaut, so harmonisch und friedlich ist das Zusammenleben der Nationalitäten unter der großen Fahne der Volksrepublik China. Zudem sollte das Ritual den Respekt gegenüber den Minderheiten signalisieren: China ein Vielvölkerstaat, in dem Toleranz und Achtung vor den verschiedenen Traditionen herrschen.

Dass nicht alles so ist wie der Schein, stellte sich bald nach der Eröffnungsfeier heraus, denn die vermeintlich jungen Repräsentanten der Minderheiten waren großenteils Chinesen in entsprechenden Trachten.[1] Während manche Manipulationen der Eröffnungsfeier, wie die als Playback vorgetragene Hymne, sogar in China für Empörung sorgten, störte sich niemand an den verkleideten Kindern der Minderheiten. So etwas hat Tradition, denn in den Regionen der exotischen Völker kleiden sich sogar chinesische Reiseführer in entsprechende Trachten.

Gleichwohl ist es den Verantwortlichen in Beijing offenbar wichtig, den nicht-chinesischen Nationalitäten Raum zu geben; auch – oder gerade – wenn die ganze Welt auf China schaut. Wie weit dieser

Anspruch ernst gemeint ist oder nur eine prestigeträchtige Fassade – und die olympische Eröffnungsfeier deshalb auf ungewollte Art einen hohen symbolischen Wert besaß – das wird im vorliegenden Buch erörtert.

Was immer die Motivation für die vermeintliche Beteiligung der nationalen Minderheiten an der olympischen Eröffnungsfeier gewesen sein mag; auf jeden Fall wurde damit nach außen hin der Tatsache Rechnung getragen, dass China mehr ist als ein Riesenreich ethnischer Chinesen, die als «Han» und im Ausland als «Han-Chinesen» bezeichnet werden.

Dass diese Bevölkerungsgruppen – von wenigen Ausnahmen abgesehen – selten im Rampenlicht des Interesses stehen, muss nicht zwangsläufig ein Zeichen von Diskriminierung sein, sondern liegt auch in der Natur der Sache. Sie stellen insgesamt noch nicht einmal zehn Prozent der Staatsbürger.

Bevölkerung der Volksrepublik China

Auf der Basis der letzten Volkszählung vom 1. November 2000, die 2007 durch eine stichprobenartige Zählung ergänzt wurde.

Insgesamt:	1,295 Mrd. Menschen
Davon Han:	1,189 Mrd. (91,59%)
55 nationale Minderheiten:	106,43 Mio. (8,41%)
Anstieg der Gesamtzahl gegenüber 1990:	1,66%

Obwohl die Bevölkerung in Indien sehr viel schneller wächst, ist China noch immer das bevölkerungsreichste Land der Erde, dazu das wirtschaftlich dynamischste und erfolgreichste, so dass es für alle Welt ein begehrter Partner ist.

Bei so vielen Superlativen fallen 8,41 Prozent der Gesamtbevölkerung kaum ins Gewicht, zumal sie vordergründig mit dem, was Chinas wirtschaftliche und politische Bedeutung in der Welt ausmacht, wenig zu tun haben. Doch unter knapp 1,3 Mrd. Menschen stellen 8,41 Prozent rund 106 Mio. Sie rangieren damit in der Liste der bevölkerungsreichsten Staaten der Erde auf Platz 12 knapp hinter Mexiko und übertreffen jeden europäischen Nationalstaat außer Russland. Noch mehr Bedeutung erhalten sie, wenn man sich ihre geografische Ausbreitung sowie ihre Siedlungsgebiete anschaut. Die nationalen Minderheiten bewohnen 60 Prozent der Fläche der Volksrepublik China, darunter nahezu alle strategisch wichtigen Grenzregionen nach Norden, Westen und Süden. Zwar sind große Gebiete für eine intensive Besiedlung nicht geeignet, da es sich um Wüsten, Steppen oder Hochgebirge handelt, doch viele dieser Gegenden haben nicht nur wegen ihrer strategischen Lage in den letzten Jahrzehnten eine besondere Bedeutung gewonnen. Dort lagern wichtige Bodenschätze wie verschiedene Erze, Gold und Uran.

Zudem dienen sie dem Staat als Atomtestgelände, atomare Wiederaufbereitungsanlagen, Raketenrampen und vieles mehr.

Zwei der 55 nicht-chinesischen Nationalitäten treten immer wieder aus dem Schatten der übermächtigen Chinesen, wenn auch zumeist aus tragischen Anlässen, die eine große öffentliche Aufmerksamkeit bis in die internationale Diplomatie hinein bewirken: die Tibeter und die Uiguren. Die Mehrheit von ihnen fühlt sich nach eigenem Selbstverständnis der Volksrepublik China nicht zugehörig, und sie lehnen auch den Anspruch der Nationalchinesen auf Taiwan oder der im Exil agierenden chinesischen Demokratiebewegung ab, die ein demokratisches und föderalistisches China in den Grenzen der Volksrepublik postulieren.

Eine solche These provoziert die Frage nach den Quellen. Weder in Tibet noch in Xinjiang – oder Ost-Turkestan, wie die Uiguren ihre Heimat nennen – haben jemals demokratische Referenden stattgefunden, die den politischen Willen dieser Völker widerspiegeln. Gerade das ist jedoch ein wichtiges Indiz dafür, dass ihre Einverleibung in den chinesischen Staatsverbund nicht auf völkerrechtlichen Prinzipien beruht; was zumindest im Falle Tibets von vielen Völkerrechtlern geteilt wird.[2] Zudem signalisieren die ungeachtet einer beispiellosen Militärpräsenz immer wieder aufflackernden Demonstrationen, und im Falle der Uiguren auch Anschläge, die tief sitzende Unzufriedenheit mit der Situation.

Tibeter und Uiguren sind in ihrer Ablehnung des chinesischen Machtanspruchs die Ausnahme. Von den 53 anderen wird die Herrschaft Beijings nicht infrage gestellt. Das gilt auch für die Mongolen, die über eine gewisse Präsenz im Exil verfügen. In der Inneren Mongolei selbst stießen Versuche aus dem unabhängigen Norden während des chinesischen Bürgerkrieges, beide Teile zu vereinen, auf wenig Resonanz; dabei lebten zu der Zeit lange nicht so viele Chinesen in der Inneren Mongolei wie heute. Auch andere ehemals bedeutende Nationalitäten sind heute weitgehend sinisiert, etwa die Mandschuren, ursprünglich ein Reitervolk aus der zentral-asiatischen Steppe, das die letzte Kaiser-Dynastie gestellt hat. Die Mandschuren haben ihre eigene Sprache fast vollständig verloren und sind kaum von den ethnischen Chinesen zu unterscheiden.

Ethnisch, linguistisch, kulturell, historisch und vor allem in Bezug auf ihr Bewusstsein könnten die nicht-chinesischen Völker heterogener kaum sein. Das gilt selbst für Angehörige ein und derselben ethnisch-linguistischen Obergruppe. Die 5,5 Mio. Tibeter mit ihrem ausgeprägten Bedürfnis nach Eigenständigkeit werden den tibetobirmanischen Völkern zugerechnet, eine Einteilung, die vor allem auf linguistischen Kriterien basiert. Zwar sind die Tibeter deren bekannteste Vertreter, doch sind sie nicht die größte Gruppe. Die ebenfalls tibeto-birmanischen Tujia und Yi zählen knapp 8 Mio. Angehörige. Sie sprechen fast nur noch Chinesisch und pflegen ihre traditionelle Kultur nicht zuletzt für den Tourismus. Mit dem tibetischen Kampf um Eigenständigkeit verbindet sie nichts.

Insgesamt ist die ethnische und kulturelle Vielfalt eine Chance auch für China selbst. Die Akzeptanz, ja die gezielte Förderung von Vielfalt, steht in jedem politischen System für Toleranz, Offenheit, Achtung und Respekt vor dem anderen: Werte, die kulturübergreifend eine lebenswerte Gesellschaft ausmachen. Und die nationalen Minderheiten bewahren in gewisser Weise sogar das chinesische Erbe, denn viele der genuin asiatischen Werte und Traditionen, wie etwa die Verehrung der Ahnen, wird von ihnen bisweilen mehr gepflegt als in den auf wirtschaftlichen Erfolg ausgerichteten chinesischen Metropolen, wo die Entwicklung des Landes vorgegeben wird. Es bleibt zu hoffen, dass dies von der politischen Elite geschätzt wird und sich der Umgang mit den nationalen Minderheiten nicht auf Folklore und Tourismus-Werbung reduziert. Die 55 Nationalitäten Chinas sind Teil der Tradition und Faszination, die das Land ausmachen.

Das Interesse von außen kann dazu beitragen, das Ansehen der 100 Mio. «Minderheiten» innerhalb der chinesischen Grenzen zu stärken. Dazu sind fundierte Informationen nötig, nicht nur über Tibeter und Uiguren.

Für eine gewisse Verwirrung sorgt bisweilen die Zahl der Nationalitäten. In manchen Beiträgen ist von 55 die Rede, in anderen von 56. Die Verwirrung entsteht dadurch, dass manchmal die Han, die ethnischen Chinesen, mitgezählt werden und manchmal nicht. Werden sie einbezogen, sind es 56; dazu mehr in Kap. 1.

Das «andere China» kompakt und zusammenhängend vorzustellen, trägt der wachsenden Bedeutung Chinas sowie der Brisanz ethnischer und religiöser Konflikte Rechnung, die schon manches Großreich in seinen Grundfesten erschüttert haben. Im Zentrum der Darstellung steht die aktuelle Situation der Nationalitäten. Auf die Geschichte wird so weit eingegangen, wie es nötig ist, um die Herausbildung Chinas als Vielvölkerstaat zu verstehen. Eine ausführliche Literaturliste bietet die Möglichkeit, tiefer in die verschiedenen Aspekte des Themas einzutauchen.

Das vorliegende Buch lädt dazu ein, den Blick auf Völker zu lenken, die gewöhnlich nicht im Zentrum des China-Interesses stehen, die aber gleichwohl einen wichtigen Beitrag zu einem vielfältigen und offenen China leisten – nicht zuletzt auch im Hinblick auf eine Demokratisierung der Gesellschaft.

1. Kapitel

Kampf um die Deutungshoheit

Vom schwierigen Umgang
mit den Begriffen

Wer sind die Chinesen? Alle Staatsbürger Chinas? Oder die Ange-
hörigen der Han-Nationalität, die über 90 Prozent der chinesischen
Staatsbürger stellen? Gibt es Han-Chinesen und Tibeter-Chinesen?
Sind Mongolen und Uiguren eine nationale Minderheit?

Das Problem bei der Beurteilung der chinesischen Nationalitätenpolitik beginnt schon mit den Begriffen, allerdings ist das außerhalb
Chinas verwirrender als innerhalb. Die chinesischen Herrscher –
nicht nur die Kommunisten – unterscheiden genau: Die Staatsbürger
Chinas werden Zhōngguóren genannt, «Menschen aus dem Reich
der Mitte». Die ethnischen Chinesen, oder Han, heißen Hanren bzw.
Hanzu, «Menschen des Han-Volkes». Der Ausdruck geht zurück
auf eine chinesische Dynastie, die über 400 Jahre – von 206 v. Chr.
bis 220 n. Chr. – die Entwicklung der chinesischen Kultur maßgeblich geprägt hat. Darüber hinaus fällt in die Epoche die erste große
Expansion des chinesischen Reiches über sein Kerngebiet hinaus.

«Chinesen» ist eine Bezeichnung von außen. Die anderen 55 Völker werden zusammenfassend Shaoshu Minzu genannt, auf Deutsch
«Minderheiten-Völker» oder ethnische Minderheiten. Tibeter heißen
demnach Zangzu, nach Xizang für Tibet.

Nationalitäten gibt es in China offiziell nur eine, nämlich die
Han; die restlichen 55 sind nationale Minderheiten. Diese Unterscheidung wird in dem vorliegenden Buch nicht nachvollzogen,
weil es sich dabei um einen Ausdruck des Han-Chauvinismus handelt. Zumindest Tibeter, Uiguren und Mongolen betrachten sich
nicht als nationale Minderheiten, sondern als eigenständige Völker
mit dem Recht auf Selbstbestimmung, auch wenn das nicht zwangs-

Hakka Mädchen in traditioneller Festtagskleidung
Foto: Roland Prior

läufig in Form von staatlicher Unabhängigkeit verwirklicht werden muss.

Doch auch die 1,159 Mrd. Menschen, die sich zu den Han bekennen, sind keine homogene Kultur. Zu den Han zählen die Kantonesen aus dem Süden, deren Sprache im Norden nicht verstanden wird, obwohl es sich streng genommen um einen Dialekt des Hochchinesischen (Mandarin) handelt. Die schriftliche Verständigung ist möglich. Ebenso zählen dazu die Hakka, die ursprünglich aus dem Norden des Landes stammen, aber seit Jahrhunderten vor allem in Südchina und auch anderen Teilen Asiens siedeln; sie sprechen ebenfalls einen eigenen Dialekt; oder die Fujianesen aus dem Südosten, die über ein breites Spektrum an eigenen Dialekten verfügen. Auch viele assimilierte Völker, die heute nur noch Ethno-Historikern bekannt sind, gingen in den Han auf.

Was die Han am stärksten verbindet, ist das Bewusstsein von der eigenen Identität. Wenn es darum geht, Volk, Nation und Nationalität zu definieren, wird das Bewusstsein der Zugehörigkeit aus gutem Grund heute hoch bewertet. Daneben gibt es die «klassischen» ethnischen, linguistischen und religiösen Kriterien. Ethnische und linguistische Merkmale gehen bisweilen Hand in Hand, was bei der Unterteilung der 55 Minderheiten in Obergruppen zum Ausdruck kommt.

Stalin, einer der großen Vorbilder Maos, maß dem Bewusstsein noch keine Bedeutung bei. Er schrieb: «Eine Nation ist eine historisch entstandene stabile Gemeinschaft von Menschen, entstanden auf der Grundlage der Gemeinschaft der Sprache, des Territoriums, des Wirtschaftslebens und der sich in der Gemeinschaft der Kultur offenbarenden psychischen Wesensart.»[3] Diese Sicht hat auch in China bis in die 1970er Jahre hinein den politischen Geist beeinflusst, erst danach begannen chinesische Wissenschaftler, auch dem kollektiven Bewusstsein als Kriterium für nationale Zugehörigkeit Rechnung zu tragen.[4]

Das Bewusstsein, ein Hanren zu sein, hat sich auch in der jüngsten Vergangenheit als stärker erwiesen als politische Differenzen, etwa in der Hongkong-Frage. Als die britische Kolonialherrschaft 1997 endete, war den politisch engagierten Bürgern klar, dass sie bald unter verschärften politischen Rahmenbedingungen leben und arbeiten würden müssten; daran würde auch der mit Großbritannien ausgehandelte Status «Ein Land – zwei Systeme» nicht viel ändern, der sich ohnehin vorwiegend auf die Wirtschaft bezog. Dennoch gab es keine nennenswerte Resonanz auf eine von außen angestoßene Forderung nach einem Referendum über die Zukunft Hongkongs. Das Bewusstsein der Zusammengehörigkeit als Hanzu verdrängte durch alle Schichten die Sorge vor einer wachsenden Repression unter der Kommunistischen Partei; wobei die Garantie des wirtschaftlichen Liberalismus die Rückkehr nach China natürlich erleichtert hat.

Von der Parteiführung wird dieses Zusammengehörigkeitsgefühl geschickt genutzt. Kritik an ihrer Politik – gerade wenn sie von außen kommt – wird immer als Kritik an China umgedeutet und stößt damit im Land selbst auf wenig Resonanz, wie der Umgang mit den Olympischen Spielen 2008 gezeigt hat. Die weltweite Kritik – nicht nur wegen der Tibet-Frage – wurde von breiten Schichten als Kritik an ihrem Land und ihrer Kultur aufgefasst. So gelang der Partei eine nationalistische Mobilisierung wie selten zuvor in der Geschichte der Volksrepublik. Für die Regierung bedeutet dies einen so großen Erfolg, dass sie kurz nach den Spielen ihre Kandidatur für die Olympischen Winterspiele 2018 ankündigte.

Die Bezeichnung Zhōngguóren ist kein neutraler Begriff, und deshalb wird die Übersetzung häufig zur ideologischen Streitfrage. «Zhōng» bedeutet Mitte; «Guó» Land oder Reich. Üblich ist «Reich der Mitte». Damit wird – wie im 2. Kapitel dargelegt – der Anspruch der alten Han-Dynastie aufgegriffen, der sich wie ein roter Faden durch die chinesische Geschichte zieht. Die Mitte sind die ethnischen Chinesen, die Han, dort haben Mongolen, Uiguren, Mandschuren und andere keinen Platz. Wenn die Staatsbürger also als «Menschen aus dem Reich der Mitte» bezeichnet werden, dann beginnt damit die erste Vereinnahmung. Fremde Dynastien auf dem Drachenthron hatten nur dann eine Chance, sich längerfristig zu halten, wenn sie sich dem angepasst haben. Je stärker die fremden Herrscher die alte chinesische Mentalität bekämpft haben, und sei es noch so brutal, desto kurzlebiger war ihre Macht, wie das Beispiel der Mongolen belegt. Sie konnten sich nicht einmal ein Jahrhundert in China halten.

Die Versuchung für die Mächtigen, das große Reich zu vereinheitlichen, war schon immer stark. Wenn das Bewusstsein von der Einheit groß ist, lässt sich ein so heterogenes Reich leichter beherrschen. Am fatalsten war diese Politik während der Kulturrevolution, als keinerlei Abweichung erlaubt war.

Zhōngguó wird aber auch als «Mittelland» oder «Land der Mitte» übersetzt, insbesondere von Sinologen, die dem chinesischen Herrschaftsverständnis aufgeschlossen gegenüberstehen. Der Begriff ist neutraler und verschleiert den Machtanspruch.

Außerhalb des chinesischen Sprachraumes ist eine Terminologie verbreitet, die zumindest die größeren Nationalitäten mit einer Exilbewegung ablehnen. Dort wird häufig von Han-Chinesen gesprochen.

Es liegt im Sinne der Regierung, wenn die Weltöffentlichkeit den Begriff «Chinesen» auf alle Staatsbürger der Volksrepublik bezieht, nicht nur auf die Han, die ethnischen Chinesen. Unter den Staatsbürgern könnte dann differenziert werden nach «Han-Chinesen», «Tibeter-Chinesen», «Mongolen-Chinesen» etc. Für diejenigen unter den Nationalitäten, die ethnisch und kulturell mit den Chinesen wenig gemein haben, ist das eine unzulässige Vereinnahmung. Selbst im zentralistischen Frankreich spricht niemand von «Franco-Franzosen», «Korsen-Franzosen» und «Bretonen-Franzosen».

Wenn in diesem Buch von nicht-chinesischen Nationalitäten die Rede ist, dann wird damit die Abgrenzung zu den ethnischen Chinesen, den Han, deutlich gemacht, nicht die Abgrenzung zum chinesischen Staat.

Die Frage, wie weit die verschiedenen Nationalitäten bzw. nationalen Minderheiten im kulturellen und historischen Sinne «chinesisch» sind, ist nicht allgemeinverbindlich zu beantworten und wird hier nicht weiter diskutiert. Die Einschätzung unterliegt häufig der eigenen Überzeugung.

In einem demokratischen und föderalistischen China können die nicht-chinesischen Nationalitäten eine Perspektive haben, wenn ihnen echte Autonomie gewährt würde. Dafür gibt es zahlreiche historische und aktuelle Beispiele, wie in Kapitel 6 dargelegt wird. Auch der Dalai Lama, das tibetische Oberhaupt, betont diese Perspektive immer wieder.

2. Kapitel

Das «Reich der Mitte»

Chinas Machtanspruch auf Ostasien –
Ein historischer Überblick

China wird in der Welt als relativ homogener Einheitsstaat wahrgenommen, wenn man von einigen Randgebieten wie Tibet oder Xinjiang (Ost-Turkestan) absieht. Doch auch darüber hinaus entspricht eine solche Wahrnehmung weder der aktuellen noch der historischen Wirklichkeit. Von seinen Anfängen bis ins 20. Jahrhundert hinein hat das chinesische Reich andere Kulturen aufgenommen, diese häufig assimiliert, sich aber auch beeinflussen lassen. Selbst diejenigen, die sich heute als Han bezeichnen, eint eher ein gemeinsames Bewusstsein als ethnische oder linguistische Kriterien. Die Herrscher dieses Reiches – egal ob Chinesen oder Fremdvölker, sog. «Barbaren» – wollten aber nicht nur andere Völker integrieren, sondern zudem ihren kulturellen, wirtschaftlichen und politischen Einfluss möglichst weit über den eigentlichen Raum hinaus ausdehnen. Das ist nichts Besonderes für hierarchische Großreiche in allen Teilen der Welt, doch kaum einem Reich der Weltgeschichte ist dies über Jahrtausende hinweg so erfolgreich gelungen wie dem chinesischen. Der Erfolg hängt maßgeblich damit zusammen, wie sich die Herrscher über China gegenüber den unterworfenen oder integrierten Völkern verhalten haben.

Die alte Selbstbezeichnung «Zhōngguó» macht deutlich, wie weit der Anspruch auf kulturelle, wirtschaftliche und politische Dominanz zurückgeht. Wer in der Mitte ist, steht im Zentrum, um ihn dreht sich alles; er ist der Maßstab, von dem konzentrische Kreise ausgehen, die seinen Einflussbereich abstecken und die es im Laufe der Zeit auszudehnen gilt.

Die große Zeitenwende in der chinesischen Geschichte vollzog sich im Jahr 221 v. Chr. Die Dynastien in den Jahrhunderten vor dieser Wendemarke – u. a. Yan, Wei, Zhao, Qi, Chu, Qin – sind als «Streitende Reiche» in die Geschichte eingegangen, ihre Epoche währte etwa 250 Jahre. Diese kleinen Dynastien konnten sich behaupten, weil die Macht der Zhou, die das alte China jahrhundertelang beherrscht hatten, geschrumpft war. Lokale Fürsten in Zentralchina bekämpften sich und wurden gleichzeitig von Nomadenvölkern aus dem Westen bedrängt. Da sich lange Zeit keine Dynastie entscheidend durchsetzen konnte, bestand das Gebiet, das den Norden des chinesischen Tieflands umfasste, aus 16 teilweise höchst heterogenen Fürstentümern. Mit der Zeit wurden kleinere von den größeren überrannt und einverleibt, so dass in der Mitte der Epoche der «Streitenden Reiche» noch sieben übrig geblieben waren. Der Kampf um die Vormacht hielt noch ein weiteres Jahrhundert an, bis schließlich im Jahre 221 v. Chr. die Dynastie der Qin die alleinige Herrschaft an sich riss.

Die Qin selbst stammten aus dem Westen des damaligen chinesischen Reiches, etwa aus der Gegend des heutigen Xi'an. Der Westen und Norden gelten traditionell als Hort der «Barbaren» – der gefürchteten Reitertruppen. So wurden die Qin von den unterworfenen Völkern mehr gefürchtet als geachtet. Sie gehen auf einen niederen Adligen zurück, der Stallmeister am Hof der Zhou war, und galten als primitiv und ungebildet. Traditionen wie Menschenopfer beim Tod eines Herrschers oder groß angelegte Bücherverbrennungen taten ihr Übriges, um diesen Ruf zu festigen.

Ausgesprochen erfolgreich waren die Qin im militärischen Bereich. Dank strenger Disziplin, drakonischer Strafen und hoher Mobilität sicherten sie sich unter Kaiser Qin Shihuang die Vorherrschaft über die anderen Fürsten. Sein Mausoleum enthält die im März 1974 entdeckte berühmte Terrakottaarmee von Xi'an, die überdeutlich die Werte der Qin – Disziplin, Ordnung und militärische Stärke – dokumentiert.

Die Qin leiteten noch eine weitere Maßnahme ein, die für die Einheit des Landes sehr wichtig werden sollte: Sie standardisierten Schrift, Gesetze, Maße und Gewichte mit akribischer Genauigkeit

Die Tradition der Reitervölker wird von den Mongolen noch heute gepflegt
Foto: Roland Prior

und setzten ihre Normen ebenso ausnahmslos wie rücksichtslos
durch.

Kurz nach der Reichseinigung dehnten sie ihre Macht über den
Gelben Fluss hinaus nach Westen aus. Dabei gerieten sie in Rivalität
zu den Xiongnu, einer Föderation äußerst mobiler Reiterverbände,
die aus dem Gebiet der Mongolei stammte und große Teile Zentralasiens beherrschte. Die Mongolen ebenso wie die Turkvölker
betrachten die Xiongnu als ihre Vorfahren, und auch die Hunnen
werden mit ihnen in Verbindung gebracht, obwohl derartige Inter-
pretationen von der modernen ethno-historischen Forschung zu-
rückgewiesen werden.

Die Kämpfe zwischen beiden Mächten zogen sich über Jahrhunderte hin, ohne dass es einen klaren militärischen Sieger gegeben
hätte. Den chinesischen Kaisern gelang es jedoch nach anfänglichen
Misserfolgen, die Xiongnu zurückzudrängen.

Die große chinesische Mauer

Die große chinesische Mauer gilt mit einer Länge von 6350 km als das größte Baudenkmal der Welt. Die früher kolportierte Behauptung, sie sei das einzige von Menschen geschaffene Werk, das aus dem Weltall sichtbar sei, hat sich jedoch als falsch erwiesen; das musste sogar der erste chinesische Raumfahrer bestätigen.

Die Ursprünge der Mauer gehen in die zweite Hälfte des fünften vorchristlichen Jahrhunderts zurück. Es war die Zeit der «Streitenden Reiche», die sich auf diese Art voneinander absichern und abgrenzen wollten.

Einen erheblichen Schub erhielt das Bauvorhaben unter dem Herrscher Qin Shihuang, doch diesmal ging es nicht mehr um interne Gegner, die längst besiegt waren. Der Qin-Kaiser wollte die gefährlichen Reiternomaden der Xiongnu kontrollieren, die nach der Expansion der Chinesen über den Gelben Fluss zu deren größtem Gegner geworden waren und ihrerseits das chinesische Kernland bedrohten. Erstmals erhielt die Mauer dabei die Form, die noch heute zu besichtigen ist: Sie wurde auf den Kammlagen der Gebirgszüge errichtet.

Der Bau der Mauer zog sich über mehr als eineinhalb Jahrtausende hin, vor allem während der Ming-Dynastie (1368–1644) schützten sich die Chinesen damit gegen die Völker Zentralasiens. Zudem diente die Befestigungsanlage dazu, den Handel zu überwachen und Schmuggel zu unterbinden.

Die Wachposten waren in etwa 25 000 Türmen mit einer Höhe von zwölf Metern entlang der gesamten Strecke untergebracht. Sie informierten sich bei Gefahr durch Feuerzeichen.

Die Qin-Dynastie konnte sich an ihren Siegen über die internen Rivalen wie auch über die Xiongnu nicht lange erfreuen, denn Bauernaufstände führten zu ihrem raschen Ende. Nur 15 Jahre, nachdem sie die letzten Rivalen unterworfen hatte, wurde sie selbst besiegt und musste der Han-Dynastie weichen. Was während der Kriegszeit den Erfolg der Qin ausgemacht hatte, wurde anschließend zu ihrem Verhängnis: die rücksichtslose Brutalität gegen alle, die sich nicht gänzlich den hierarchischen Strukturen beugten. Als 900 Arbeiter zu spät zum Bau der Großen Mauer erschienen, weil sie von starken Regenfällen behindert worden waren, ließ der Kaiser sie alle hinrichten. Die Kunde verbreitete sich rasch, und innerhalb kurzer Zeit formierte sich eine Armee von einigen hunderttausend Soldaten, die der Barbarei der Qin ein Ende setzen wollten. Unter ihnen tat sich der niedere Beamte Liu Bang hervor, der nach wechselvollen Kämpfen als Kaiser Han Gaozu den Thron bestieg und die Dynastie begründete, die den «ethnischen Chinesen» ihren Namen gab, die Han.

Ungeachtet ihrer kurzen Regierungszeit hat kaum eine Dynastie nachhaltigeren Einfluss auf die chinesische Geschichte ausgeübt als die Qin. Sie beendete die Epoche der «Streitenden Reiche» und gilt deshalb als die Begründerin eines einheitlichen chinesischen Gemeinwesens, das die herrschende Ideologie bis heute prägt. Die Qin gaben dem neuen Reich schließlich den Namen, unter dem es außerhalb der eigenen Grenzen bekannt wurde: China. Zu den Bewunderern von Qin Shihuang zählt auch Mao Zedong, den die rücksichtslose Durchsetzungsfähigkeit des alten Kaisers tief beeindruckte.

Am Ende ihrer Herrschaft umfasste das Qin-Reich etwa ein Viertel des Staatsgebietes der heutigen Volksrepublik.

Die große Expansion

Die anschließende Han-Dynastie verfolgte eine sehr expansionistische Politik. Die Han hatten den Anspruch, den chinesischen Herrschaftsbereich nicht nur – wie zuvor die Qin – nach Norden, sondern auch nach Süden und Südwesten auszudehnen. Im Süden lebten Völker, die als Nan-Yue und Min-Yue bezeichnet und als Vorfahren der Vietnamesen betrachtet werden. Im Südwesten kamen die Han mit Thai- und Khmer-Mon-Völkern in Kontakt. Die Vorfahren der Vietnamesen sahen ähnlich wie die Vorfahren der Mongolen im Norden die Han als Konkurrenten, was auch an dieser Flanke zu kriegerischen Auseinandersetzungen führte. Dabei drang das disziplinierte chinesische Heer 111 v. Chr. erstmals bis in die heutige Provinz Guangdong vor, die Küstenregion vor dem südchinesischen Meer. Von dort ging die Expansion weiter Richtung Südwesten. In der Umgebung des heutigen Kunming, der Hauptstadt der Provinz Yunnan, stießen die chinesischen Truppen auf das Königreich Dian, ein hoch entwickeltes kulturelles Zentrum. Das Reich war ein Hindernis auf dem Weg Richtung Indien. Im Jahre 83 v. Chr. wurde auch dieser Gegner nach langen Kämpfen besiegt. Das Dian-Reich stand unter dem Einfluss der Han-Yue und der Min-Yue und vermutlich auch der eurasischen Skythen. Der größte Teil von Yunnan blieb jedoch noch für Jahrhunderte unabhängig vom chinesischen Thron.

Der Sinologe Wolfgang Bauer bezeichnet die Völker außerhalb des eigentlichen chinesischen Kerngebietes als «Fremde der Innenwelt». Über die Expansion nach Süden schreibt er in dem Zusammenhang:

«Da sich die chinesische Zivilisation in Nordchina entwickelt und von dort aus über einen sehr langen Zeitraum hinweg stetig nach Süden ausgebreitet hat (aus dem einfachen Grund, weil dort eben noch am meisten siedlungsfähiger Raum lag), verbindet sich mit diesen Fremden der Innenwelt vorwiegend der Süden und Südwesten. Diese Region spielte für China bis in die neueste Zeit hinein die Rolle einer ‹Frontier›, also eines Gebietes, das zwar nicht-chinesisch oder bloß halbchinesisch war, sonst aber alle klimatischen und wirtschaftlichen Voraussetzungen bot für eine Besiedlung durch Chinesen. Diese Fremden zeigten sich nicht gänzlich wehrlos und gemeinhin auch nicht ohne weiteres bereit, von ihrem Land zu weichen. Sie waren aber doch viel zu schwach, zahlenmäßig und vor allem organisatorisch, um dem Druck der Chinesen ernst zu nehmenden Widerstand entgegenzusetzen oder gar eigene groß angelegte Eroberungszüge gegen sie lancieren zu können. Von China selbst aus wurden sie gewissermaßen als «Noch-nicht-Chinesen» betrachtet. Sie befanden sich in der Vorstellung vielleicht in einer ähnlichen Position wie die ‹armen Heidenkinder› in der Vorstellung des christlichen Abendlandes, und wirklich gibt es Berichte, dass konfuzianische Gelehrte mit ‹geeigneten› Texten unter ihnen geradezu missionierten und sie so der chinesischen Kultur zuzuführen versuchten.»[5]

Die größten Hindernisse bei der Expansion Richtung Süden waren das feuchtheiße Klima und unbekannte Krankheiten.

Die militärischen Erfolge der Han gingen außer auf die bereits erwähnte Disziplin und machtbewusste Generäle maßgeblich auf ihre kampferprobten Reitersoldaten zurück. Die Pferdezucht wurde zu der Zeit insbesondere in der Provinz Gansu intensiv betrieben. Damit waren sie in der Lage, die gefürchteten Reitertruppen aus den asiatischen Steppen mit ihren eigenen Waffen zu schlagen.

Mit der Eroberung des Südens weiteten die Chinesen auch ihre Handels- und Seekontakte aus. Neben Indien, Persien und Java sind aus dem zweiten nachchristlichen Jahrhundert sogar Kontakte mit dem Römischen Reich überliefert.

Gleichzeitig ging die Expansion im Nordwesten weiter. Die Han-Kaiser dehnten ihre Herrschaft entlang der Seidenstraße weit über die ursprüngliche Mauer hinaus aus, die deshalb immer weiter nach Westen gebaut wurde. Die dort lebenden Völker waren Verbündete oder Vasallen der Xiongnu, die schließlich dadurch neutralisiert wurden, dass sich das Reich spaltete. Die Südlichen Xiongnu wurden Teil des chinesischen Kaiserreiches, während die Nördlichen im Gebiet der heutigen Mongolei siedelten. Ein weiterer Teil wanderte Richtung Westen und fand im Königreich Baktrien, einer griechischen Kolonie im Gebiet des heutigen Afghanistan und Persien, eine neue Heimat.

Integrationspolitik...

Mit der Unterwerfung so vieler fremder Völker an verschiedenen Fronten in relativ kurzer Zeit stellte sich die große Herausforderung, das eroberte Territorium langfristig in das eigene Imperium zu integrieren. Dabei verfolgten die Han-Kaiser eine geschickte Doppelstrategie: Die Nomadenvölker im Norden, die schwerer zu kontrollieren waren als die sesshaften Völker des Südens, wurden durch großzügige Zuwendungen gefügig gemacht. Dabei handelte es sich zumeist um Geld, Seide, Brokat und andere Stoffe. Darüber hinaus wurden Stammesführer mit Ämtern und Verwaltungsaufgaben bedacht, die ebenfalls eine wachsende Loyalität bewirken sollten. Diese Versuche waren jedoch nur teilweise erfolgreich, zumal sich chinesische Beamte und Adlige gegen diese Form der Begünstigung für die «Barbaren» wandten.

Die andere Strategie bestand darin, chinesische Soldaten, Landlose oder Strafgefangene als Bauern in den eroberten Gebieten anzusiedeln. Vor allem unter Kaiser Wu, der bereits mit 16 Jahren den Thron bestieg und 141–87 v. Chr. regierte, war diese Art der Grenzsicherung weit verbreitet. Die dadurch entstandenen Kolonien wurden «Tuntian» genannt. Aufgabe der teilweise sehr weit außerhalb des eigenen Territoriums lebenden Siedler war es nicht nur, eine funktionierende Subsistenzwirtschaft aufzubauen, sondern möglichst auch Überschüsse zu erzeugen, damit im Kriegsfall ein Heer unterhalten werden konnte.

Ein einigendes Band bildete die Beamtenschaft, die bereits während der Han-Dynastie ein einflussreicher Machtfaktor war und diese Rolle im Laufe der Jahrhunderte noch verstärkte. Der Journalist und China-Kenner Karl Grobe-Hagel charakterisiert diesen Einfluss: «Unterworfene wurden sinisiert durch die formierende Kraft der Verwaltenden, die zugleich Träger der Kultur waren. Eroberer wurden rasch zu Chinesen und gingen noch rascher unter.»[6]

Somit ist die Zeit der Han-Dynastie die erste große Epoche in der chinesischen Geschichte, in der sich deren Kultur und Einfluss weit über das eigentliche Siedlungsgebiet ausdehnte und die Grundlage dafür schuf, was China heute ist, ein Vielvölkerstaat. Die ideologische Basis lieferte der Konfuzianismus, wie der Sinologe Thomas Heberer ausführt: «Der Konfuzianismus, die staatstragende Ideologie über Jahrhunderte hinweg, bildete das ideologische Fundament der Verachtung der ‹Barbaren›. Gleichwohl war der Konfuzianismus nicht auf die Vernichtung dieser Völker aus, sondern verlangte ihre Unterordnung unter den Kaiser sowie die Einordnung in das Gesamtgefüge des chinesischen Reiches.»[7]

... und Desintegration

Die Han-Dynastie endete 220 mit dem Tod des Kriegsherrn Cao Cao, nachdem sich ihr Sterben über Jahrzehnte hingezogen hatte. Konkurrierende Adlige, Beamte und Generäle führten das Land in einen Bürgerkrieg, der die Unzufriedenheit der Bevölkerung verstärkte. Der Sohn von Cao Cao, Cao Pi, setzte schließlich den letzten Han-Kaiser ab und gründete das Reich der Wei, das seine Macht jedoch bald mit der Wu- und Shu-Dynastie teilen musste. Die Epoche der «Drei Reiche», die 45 Jahre andauerte, war symptomatisch für die nachfolgenden Dynastien. Über Jahrhunderte gelang es keinem Herrschergeschlecht, die Macht über das ganze von den Han eroberte Reich auszuüben. Die Ursache dafür waren interne Machtkämpfe und Auseinandersetzungen, vor allem nach dem Tode eines Kaisers. Dazu schreibt der Sinologe Helwig Schmidt-Glintzer:

«Bei einem Thronwechsel war die Einheit des Reiches prinzipiell stets gefährdet. Wenn verschiedene Thronprätendenten vorhanden waren oder sich die Fraktionen bei Hofe nicht einigen konnten, bestand die Gefahr, dass Teile des Reiches die Nachfolge nicht anerkannten. Diese Gefahr wurde erst geringer, nachdem die Adelsstrukturen des Mittelalters durch die zunehmende Bürokratisierung des Reiches ersetzt worden waren.»[8]

Die Aufspaltung war allein machtpolitischer Natur. Kulturell und auch in ihrer Gesellschaftsstruktur unterschieden sich die einzelnen Reiche dieser Epoche nicht.

Die innenpolitische Uneinigkeit beeinträchtigte den Expansionsdrang erheblich. Erst mit der Tang-Dynastie gelang es wieder einem Herrschergeschlecht, für knapp drei Jahrhunderte die alleinige Macht über China auszuüben. Die Tang griffen die Expansionspolitik der Han wieder auf.

Li Yuan – Ein Turk-Kaiser auf dem Drachenthron

«Auch ein Barbar konnte chinesischer Kaiser werden, aber nur durch das Sich-Einfügen in das chinesische System und durch weitgehende Aufgabe seiner Eigenart».[9] Diese Einschätzung des Sinologen Wolfgang Franke wird vor allem durch den Beginn der Tang-Dynastie bestätigt. Das chinesische Reich war stark und offen genug, um Führungspersönlichkeiten zu akzeptieren, die nicht rein chinesischer Abstammung waren. Eine dieser Persönlichkeiten war General Li Yuan. Er stammte aus dem Nordwesten des chinesischen Machtbereiches, an der Grenze zu den Turkvölkern, die seine Vorfahren waren. Zunächst stand er loyal zu dem letzten Kaiser der Sui-Dynastie, Yang Di. In seinem Auftrag schlug er mehrere Bauernaufstände nieder, die ihre Ursache in weit verbreiteten Hungersnöten hatten. Der Kaiser dankte für die Dienste, indem er ihn zum Statthalter von Taiyuan berief, einem wichtigen Knotenpunkt zwischen der damaligen Hauptstadt Chang'an und dem einflussreichen Zentrum Beijing. Als der von vielen Seiten bedrängte Kaiser jedoch eine private Reise in den Süden antrat, nutzte Li Yuan die Gunst der Stunde, verbündete sich mit den Turkvölkern, was ihm angesichts seiner Abstammung nicht schwer fiel, und besetzte Chang'an. Die Rebellion war so mächtig, dass sich die Truppen und Ratgeber des entmachteten Kaisers von diesem abwandten und ihn erdrosselten. Damit war der Weg für den turkstämmigen Li Yuan frei, der 618 unter dem Namen Tang Gaozu zum ersten Kaiser der Tang-Dynastie wurde. Bei der Bevölkerung war er recht populär, denn er galt als großzügig und gnädig. Er befahl, die Getreidevorräte an die hungernde Bevölkerung im Nordwesten zu verteilen, und veranlasste eine Justizreform. →

Gleichzeitig wird er jedoch auch als zögerlich beschrieben. So währte seine Regierungszeit denn auch nur acht Jahre. Auslöser für die Rebellion gegen den letzten Sui-Kaiser soll sein ehrgeiziger Sohn Li Shimin gewesen sein. Li Shimin war es auch, der zunächst seinen älteren Bruder und Kronprinzen Li Jiancheng ermordete und seinen Vater zum Rücktritt drängte. Unter dem Namen Taizong regierte er 23 Jahre auf dem Drachenthron. Bei der Bevölkerung genoss er den Ruf, weise und gerecht zu sein. Zudem hob sein Hof seine Erziehung in der konfuzianischen Tradition hervor; die Tradition der Turkvölker erschien ihm nicht mehr opportun.

Ausdehnung und Öffnung

Eine der ersten Initiativen von Kaiser Taizong war die Eroberung weiterer Gebiete entlang der Seidenstraße, die von turkstämmigen Völkern besiedelt waren. Zur Tang-Zeit kam es dort auch zu den ersten Kämpfen mit arabischen Heeren. Die Heimat der Dynastie-Gründer war das Tor zur Welt, und so hatte die erfolgreiche Militäroperation im Nordwesten zwei Seiten: Zum einen dehnten sich die konzentrischen Kreise vom «Reich der Mitte» immer weiter aus; zum anderen strömten zumindest in der frühen Tang-Zeit nachhaltige Einflüsse aus Persien, Arabien und dem Byzantinischen Reich nach China, darunter das Polo-Spiel.

Im Nordwesten waren die Eroberungszüge am erfolgreichsten, im Süden unterwarfen die kaiserlichen Truppen Teile des heutigen Nord-Vietnams sowie die Insel Hainan. Der größte Teil von Yunnan blieb den Chinesen weiterhin verschlossen, ebenso wie der Nordosten, die heutige Mandschurei.

In die Zeit der Tang-Dynastie fielen auch die ersten Kontakte mit den Tibetern, bei denen indes die Herrscher vom Dach der Welt dominierten. 641 heiratete der tibetische König Songtsen Gampo als vierte Frau die Tang-Prinzessin Wen Cheng, eine Buddhistin. Sie war eine Art Tribut des Kaisers, mit dem der aufstrebende Rivale an der Grenze ruhiggestellt werden wollte.

Wen Cheng brachte den chinesischen Chan-Buddhismus auf das Dach der Welt, der sich jedoch nicht gegen die indisch-nepalesische Schule des Vajrayana-Buddhismus durchsetzen konnte, die vier Jahre zuvor von der nepalesischen Prinzessin Brikuti Devi nach Tibet gebracht worden war. Auch der tibetische König Tride Tsugtsen heiratete eine chinesische Prinzessin, Jin Cheng.

Ungeachtet der Hochzeiten dauerte es jedoch lange, bis zwischen Tibetern und Chinesen Frieden eingekehrt war. Im Jahre 763 besetzten Truppen des tibetischen Königs Trison Detsen, unter dem das tibetische Reich seine größte Ausdehnung hatte, für 15 Tage die chinesische Hauptstadt Chang'an. Er setzte dort einen Vasallenkönig ein und zwang den Chinesen hohe Abgaben auf. Im Jahre 821 einigten sich Tibeter und Chinesen schließlich auf einen Friedensvertrag, der die über ein Jahrhundert währende Rivalität beendete und die volle Souveränität der beiden Vertragspartner anerkannte. Der Vertrag legte den Grenzverlauf zwischen den beiden Staaten fest und erklärte, dass «die Tibeter in Tibet glücklich sein sollen und die Chinesen in China». Diese Vereinbarung war somit das erste offizielle Dokument der tibetischen Eigenständigkeit durch den chinesischen Kaiser; es sollte nicht das letzte bleiben.

Die kurzzeitige tibetische Besetzung der chinesischen Hauptstadt wurde durch die bis dahin größte Krise der Tang-Dynastie begünstigt. Zwischen 755 und 762 hatte der sog. An-Lushan-Aufstand das Land an den Rand des Ruins gebracht. An Lushan war ein General vom Volk der Sogden, dessen Heimat in Zentralasien liegt. Nach einigen fehlgeschlagenen Palastintrigen zettelte er einen großen Aufstand gegen die Tang an, wobei er sich die Unzufriedenheit der Bevölkerung durch hohe Steuern und Abgaben zunutze machte. Nur mit Hilfe der turkstämmigen Uiguren konnte sich der Kaiser in einem äußerst verlustreichen Krieg durchsetzen. Von den damals etwa 50 Mio. Einwohnern Chinas sollen knapp drei Viertel den Kämpfen sowie daraus resultierenden Seuchen und Hungersnöten zum Opfer gefallen sein.

Die Fremdherrscher

Nach dieser traumatischen Erfahrung änderte sich die zuvor liberale und weltoffene Haltung der Tang-Herrscher gegen den Fremden grundlegend. Offener Rassismus breitete sich aus, der sich gegen Araber, Perser und Inder ebenso richtete wie gegen den Buddhismus als Religion, die ihren Ursprung in Indien hatte. Die buddhistischen Klöster wurden als Staat im Staate angesehen, die den Herrschaftsanspruch des Kaisers gefährdeten. Immer wieder kam es zu gewaltsamen Übergriffen des chinesischen Mobs gegen Fremde mit zum Teil Tausenden von Toten.

Die Mobilisierung der niederen Instinkte konnte den Untergang der Tang dennoch nicht aufhalten, der schließlich 907 besiegelt war. Anschließend wurde China überwiegend von Militärgouverneuren regiert. Rivalisierende Dynastien bekämpften sich weitere Jahrzehnte und verhinderten einmal mehr die weitere Expansion des Reiches.

Unter den Dynastien, die sich während dieser Epoche die Macht teilten, befanden sich manche nicht-chinesische Herrscher. Im Norden regierte 916–1124 die Liao-Dynastie. Ihre Träger waren die Khitan, ein mongolisches Volk aus dem äußersten Osten des Siedlungsgebietes. Bereits im 6. Jahrhundert waren die Khitan an der Nordgrenze des chinesischen Reiches aufgetaucht und sie hatten den frühen Tang zugesetzt. Auf die Khitan folgten die Jurchen, ein tungusisches Volk, also Verwandte der Mandschuren. Die Jurchen gründeten die Jin-Dynastie, die 1115–1234 herrschte und ihre Grenzen über den Einflussbereich der Liao ausdehnen konnte. Die Jurchen bedienten sich mongolischer Hilfstruppen und betrieben eine strikt antichinesische Politik. Sie verlegten ihre Hauptstadt vorübergehend in die Mandschurei und verboten ihren eigenen Angehörigen, chinesische Namen zu tragen. Zudem mussten die mächtigen Staatsbeamten ihre Prüfungen in der Jurchen-Sprache ablegen.

Die erste Dynastie, der es seit den Tang gelang, das gesamte chinesische Reich zu vereinen, waren die Yuan, ein mongolisches Herrschergeschlecht. Ihr Gründer war Kublai Khan, ein Enkel Dschinghis Khans, dem Gründer des mongolischen Großreiches. Die Yuan herrschten von 1279–1368 über China. Zu der Zeit war die chinesische Bevölkerung bereits auf etwa 70 Mio. Menschen angewachsen, während die Mongolen etwa 2 Mio. stellten. Angesichts dieser demografischen Verteilung entwickelte Kublai Khan ein ausgeklügeltes System von Privilegierung und Diskriminierung, um die Macht der Minderheit langfristig abzusichern. Die gesamte Bevölkerung wurde in vier Klassen eingeteilt.

Die vier Klassen der Yuan-Dynastie

1. Weiße Mongolen

Die ethnischen Mongolen, denen alle führenden Ämter im Staat vorbehalten waren.

2. Die Schwarzen Mongolen

Die mongolischen Hilfstruppen, vor allem Angehörige der Turkvölker. Sie stellten die mittlere Beamtenschaft, durften Handel treiben und Steuern einziehen.

3. Nord-Chinesen (Hanren)

Sie stellten die niederen Beamten und konnten Kleinhandel betreiben. Zu ihnen zählten auch tungusische und koreanische Völker.

4. Süd-Chinesen (Nanren)

Die große Mehrheit der Bevölkerung, überwiegend einfache Bauern, die weder Waffen noch Pferde besitzen durften.

Allen Truppen wurden mongolische Offiziere vorangestellt. Ein zweijähriges Rotationsprinzip sorgte zudem dafür, dass die unteren Ränge nie lange an einem Ort bleiben und keine Aufstände organisieren konnten.

Gegenüber ausländischen Einflüssen zeigten sich die Mongolen dagegen sehr viel aufgeschlossener. Christliche und vor allem islamische Missionare waren willkommen, der Handel mit den Nachbarn florierte. Es war auch die Zeit, in der sich der venezianische Kaufmann Marco Polo am Kaiserhof in China aufgehalten hat, auch wenn die Authentizität seiner Reise inzwischen angezweifelt wird.

Während der Mongolenherrschaft wurden die Kontakte nach Tibet intensiviert. Damit hatte bereits Kublai Khans Vorgänger Göden begonnen, als die Mongolen noch nicht auf dem Drachenthron saßen. Göden hatte den Abt der in Tibet dominierenden Sakya-Schule, Pandit Künga Gyaltsen, 1247 an seinen Hof nach Karakorum geholt. Dort legte der Gelehrte den Grundstein zur buddhistischen Missionierung der Mongolen; 20 Jahre später wurde der Buddhismus zur Staatsreligion erhoben.

Der Potala-Palast in Lhasa geht auf den 5. Dalai Lama zurück, der sich mit Hilfe der Mongolen in Tibet durchgesetzt hat.
Foto: Roland Prior

Kublai Khan knüpfte an die Tradition an und ernannte den Neffen des großen Abtes, Drogen Phagpa Lodrö, zum Oberhaupt des buddhistischen Klerus im gesamten mongolischen Reich sowie zum Herrscher über Tibet. Reale weltliche Macht konnte der so Geehrte persönlich jedoch nicht ausüben, denn er verbrachte ebenfalls die meiste Zeit am mongolischen Kaiserhof, den Kublai Khan nach Beijing verlegte. Dort entwickelte der Tibeter mit seinen Gelehrten unter anderem eine mongolische Schrift, die sich am tibetischen Vorbild orientierte. Kublai Khan ernannte ihn schließlich zum «Dishi», zum «kaiserlichen Lehrer», der höchste Titel, den die Mongolen vergeben konnten.

Die Zuständigkeit zwischen Mongolen und Tibetern war klar verteilt. Die Mongolen hatten die weltliche Gewalt inne, aber sie akzeptierten die geistige Autorität des tibetischen Klerus. Dessen weltliche Macht beschränkte sich auf die inneren Angelegenheiten Tibets. Jahrhunderte später haben kommunistische Herrscher begonnen, diese

Beziehungen als Rechtfertigung für die eigenen Machtansprüche zu benutzen.

Auch im Südwesten dehnte die Yuan-Dynastie ihre Herrschaft über die bestehenden Grenzen hinaus aus. Das von den chinesischen Herrschern lange begehrte Yunnan wurde nun einverleibt. Ein von Kublai Khan eingesetzter Gouverneur arabischer Abstammung trieb die Islamisierung des Gebietes voran.

Die letzte Dynastie von Chinesen

Ungeachtet des ausgeklügelten Machtsystems und der offenen Diskriminierung der Chinesen konnten sich die Mongolen nicht einmal ein Jahrhundert auf dem Drachenthron halten. Aufstände in Zentralchina, die von einer Rebellentruppe namens «Rote Turbane» initiiert wurden, destabilisierten die Mongolenherrschaft ab 1355 zusehends. Die Roten Turbane waren von sozialen, religiösen und ethnischen Motiven geleitet. Verheerende Überschwemmungen am Unterlauf des Gelben Flusses hatten zu großen Hungersnöten geführt, und die Yuan-Beamten waren nicht in der Lage, die Krise zu meistern. In der Bewegung der Roten Turbane tat sich der Bauernsohn und Mönch Zhu Yuanzhang besonders hervor. Sein Organisationstalent, aber auch seine Rücksichtslosigkeit brachten ihn rasch an die Spitze der Bewegung. 1368 nahmen seine Truppen die Hauptstadt Beijing ein. Er nannte sich Hongwu und wurde zum Begründer der Ming-Dynastie, der letzten ethnisch chinesischen in der Geschichte.

Machtpolitisch übernahmen die Ming das Erbe der Yuan: Sie herrschten über ganz China – außer Tibet. Die Ming kümmerten sich nicht um das Dach der Welt. Aus dem Ende der Epoche, dem Jahre 1594, stammt eine Landkarte eines hohen Beamten mit den Grenzen des damaligen Reiches. Tibet ist darauf als Ausland eingezeichnet.

Von Tibet abgesehen, standen die Ming jedoch ganz in der Tradition der alten chinesischen Dynastien, die – wann immer sie die militärische Macht besaßen – versucht hatten, ihren Einflussbereich auszudehnen. Die Ming richteten ihr Augenmerk zum einen auf den Norden. Sie führten zahlreiche Schlachten gegen verschiedene mongolische Völker. Zur Abwehr von Überfällen nahmen sie auch die Bauarbeiten an der Großen Mauer wieder auf.

Zum anderen setzten sie die Kolonisierung der von den Mongolen unterworfenen Provinz Yunnan fort. Dabei griffen sie auf das alte Tuntian-System zurück. Sie siedelten verstärkt Soldaten in den fruchtbaren Tälern an. Der einheimischen Bevölkerung blieb nur die Abwanderung in die unzugänglichen Bergregionen. Die Sinisierung von Yunnan mit seinen zahlreichen ethnischen Gruppen geht auf die Ming-Zeit zurück. Dennoch gelang es in Zeiten der Krise lokalen Kriegsführern immer wieder, die Beziehungen zur Hauptstadt einzufrieren und die Eigenständigkeit hervorzuheben.

Der Nabel vom «Reich der Mitte»

Die vom Konfuzianismus geprägte Ming-Dynastie maß der Ideologie vom «Reich der Mitte» besondere Bedeutung bei. Für die Ming-Kaiser war sie fester Bestandteil ihrer Legitimation, der sie sichtbare Formen gaben. Dabei tat sich vor allem Yongle hervor, der dritte Kaiser der Ming-Dynastie, der als einer der bedeutendsten der gesamten chinesischen Geschichte gilt. Er verlegte die zwischenzeitlich in Nanjing befindliche Hauptstadt zurück nach Beijing und ließ dort zwischen 1406 und 1420 den Kaiserpalast, die «Verbotene Stadt», errichten.

Dieser bis heute größte Herrscherpalast der Erde ist ein architektonisches Wunderwerk voller Symbolik. Er galt bis 1911 als Nabel des Reiches der Mitte, als innerstes Zentrum der Macht. Auf einem Areal von 720 000 m² befinden sich 890 Paläste und ungezählte Pavillons, die wiederum 9999 1/2 Räume beherbergen. Mehr durften es nicht sein, denn 10 000 ist die Zahl des Himmels, und es wäre selbst für einen Himmelssohn, als welcher der Kaiser betrachtet wurde, Frevel gewesen, sich diese Zahl anzumaßen. Unter einem Raum verstanden Erbauer eine «Fläche zwischen vier Säulen», nicht unbedingt ein abgeschlossenes Zimmer. Der Erhabenste der Paläste ist die «Halle der höchsten Harmonie», in deren Mitte der Drachenthron steht.

Doch auch die Macht der äußerst zentralistisch geordneten Ming-Dynastie fand im 17. Jahrhundert ihr Ende. Dafür sorgten Angriffe der Mandschuren im Norden und Bauernaufstände im Zentrum.

Die letzte Dynastie im Reich der Mitte wurde von Mandschuren gebildet. Obwohl sie von allen fremden Dynastien in China der chinesischen Kultur am nächsten stand, versuchte auch die Qing-Dynastie, die Macht des chinesischen Adels zu beschneiden. Mandschurische Adlige durften nur Mongolen, aber keine Chinesen heiraten.

Die Qing teilten ihr Reich in 18 Provinzen und vier «Äußere Gebiete» ein, die mehrheitlich von nicht-chinesischen Völkern besiedelt waren: Tibet, Xinjiang, die Mongolei sowie die Mandschurei, ihre Heimat. Für diese Gebiete gab es ein spezielles Verwaltungssystem mit Gesandten aus Beijing.

Ansprüche auf Tibet

In der Zeit der Qing intensivierten sich die Kontakte zu den Tibetern. Gleich zu Beginn der Qing-Herrschaft, im Jahre 1650, besuchte der 5. Dalai Lama die chinesische Hauptstadt, wo er als Staatsgast und nicht als Provinzfürst empfangen wurde.

Das Dach der Welt stand damals noch unter dem Einfluss der Mongolen, die sich jedoch inzwischen in Despoten verwandelt hatten und die strikte Trennung von weltlicher und geistiger Macht nicht länger akzeptierten. Unverhohlen versuchten sie einen mongolischen Fürstensohn als 7. Dalai Lama durchzusetzen, obwohl die Tibeter längst ihren eigenen Kandidaten gefunden hatten. Die Eltern versteckten diesen Jungen jahrelang und wechselten immer wieder ihren Aufenthaltsort. Heimlich unterzog sich der Junge im Kloster Kumbum den notwendigen Prüfungen zu seiner Autorisierung. Um die mongolische Gefahr abzuwehren, suchten die Tibeter nach Verbündeten. Sie fanden sie in den Mandschuren, die sofort ein Truppenkontingent auf das Dach der Welt schickten, das die Mongolen vertrieb. Unter ihrem Protektorat konnte der 7. Dalai Lama mit 13 Jahren in Lhasa Einzug halten, doch gleichzeitig war die Saat für einen neuen Konflikt gelegt, der das Schicksal Tibets bis heute bestimmt.

Der Qing-Kaiser in Beijing betrachtete sich nicht als Erfüllungsgehilfe der Tibeter, sondern erhob eigene Ansprüche auf Tibet. Zwei Ambane, Gesandte des Kaiserhofs, sowie ein Truppenkontingent vertraten bis 1911 dessen Interessen in Lhasa. Der Status der Ambane ist umstritten, denn davon hängt nicht zuletzt der völkerrechtliche Anspruch der beiden Kontrahenten ab. Waren sie diplomatische Botschafter, muss Tibet als unabhängiges Reich betrachtet werden. Waren sie Vertreter des Kaisers, wäre Tibet Teil des chinesischen Reiches gewesen. Letztlich kann die Frage nicht eindeutig beantwortet werden. Fakt ist, dass sich ihr Aufgabenbereich auf außenpolitische und militärische Angelegenheiten beschränkt hat. Zeitgenössische tibetische Quellen berichten zudem von Arroganz und Willkür der Ambane, was die Bande zwischen Tibetern und Chinesen nicht verstärkt hat.

Noch immer folgt die Beurteilung der Nationalitätenpolitik des chinesischen Kaiserreiches selbst innerhalb der Sinologie ideologischen Gesichtspunkten. Insbesondere Sinologen, die eine han-zentrische Geschichtsauffassung teilen, wie sie von der chinesischen Führung vertreten wird, neigen dazu, Unterschiede zu verwischen: «So waren die Staaten und Dynastien der (...) Jin, Yuan und Qing weder ‹nicht-chinesisch› noch gar ‹un-chinesisch›, sie waren auch keine ‹Fremdherrschaften›, wie es in weiten Teilen der etablierten Sinologie immer noch behauptet wird, sondern sie waren exemplarisch für den oben beschriebenen Prozess des chinesischen Zentralstaates, sie waren zutiefst ‹chinesisch›. Ihnen allen war gemein, dass ihre Herrscherhäuser von den Rändern des chinesischen Reiches kamen und sich Teile des Zentrums erobert hatten, in den beiden letztgenannten Fällen der Yuan (Mongolen) und Qing (Manju) schließlich sogar ganz China beherrschten»,[10] meint Ingo Nentwig.

Angesichts der direkten gegen die Han gerichteten Gesetzgebung vor allem der Jin und Yuan, abgeschwächt aber auch der Qing, sprechen die historischen Fakten dagegen, die nicht-chinesischen Dynastien bruchlos in den Werdegang eines chinesischen Einheitsstaates einzubinden, auch wenn der sich als Vielvölkerstaat versteht.

«Fünf chinesische Nationalitäten»

Nach dem Sturz der Qing und dem Ende des chinesischen Kaiserreiches 1911/12 verfolgte Sun Yatsen, der Führer der nationalchinesischen Bewegung, eine uneinheitliche Haltung in der Nationalitätenfrage. In seinen theoretischen Schriften vertrat er die Ideologie vom Einheitsstaat. Für ihn bildeten «fünf Nationalitäten» die chinesische Nation: die Han, die Mandschuren, die Mongolen, die Uiguren und die Tibeter.[11]

Um den großen Völkern entgegenzukommen, legte Sun Yatsen auf dem ersten Kongress der nationalchinesischen Guomin Tang Partei

1924 ein «Nationales Entwicklungsprogramm» vor, das den Uiguren und Tibetern das Recht auf Selbstbestimmung zugestand. Es müsse auch gewährt werden, wenn sie es forderten.

Im praktischen Alltag indes konnte Sun Yatsen seine Vorstellungen kaum umsetzen, da seine Regierung in dem von Bürgerkriegen zerrissenen Land zu schwach war. Zudem starb er bereits im Jahre 1925. General Chiang Kai-shek, sein Nachfolger an der Spitze der Guomin Tang, beschäftigte sich weniger mit theoretischen Fragen. Der Bürgerkrieg und die japanische Besetzung nahmen seine Aufmerksamkeit in Anspruch, während die «Randgebiete» der zentralen Kontrolle zu entgleiten drohten.

Tibet war zwischen 1912 und 1950 de facto unabhängig, versäumte es jedoch, internationale Beziehungen zu knüpfen und dadurch Anerkennung zu finden. In Ost-Turkestan gab es 1933 und 1944 zwei Versuche, einen eigenen Staat zu gründen, beim ersten Mal unter der Führung des Mandschuren Sheng Shicai. In der Inneren Mongolei versuchten schließlich Kräfte aus dem unabhängigen Norden eine Wiedervereinigung des Territoriums durchzusetzen, was allerdings nicht gelang.

Die kommunistische Rhetorik

Die Kommunistische Bewegung bekannte sich zunächst klar zum Selbstbestimmungsrecht der Völker: «Infolgedessen erklärt der 1. Allchinesische Rätekongress der Arbeiter-, Bauern- und Soldatendeputierten, dass die chinesische Räterepublik bedingungslos das Recht aller nationalen Minderheiten auf Selbstbestimmung anerkennt! Das bedeutet, dass in solchen Gebieten, wie in der Mongolei, in Tibet, Xinjiang, Yunnan, Guizhou und anderen, in denen die Mehrheit der Bevölkerung einer anderen Nationalität als den Han angehört, die werktätigen Massen dieser Nationalitäten das Recht haben, selbst zu bestimmen: Wollen sie aus der Chinesischen Räterepublik austreten und ihren eigenen unabhängigen Staat gründen, oder wollen sie dem Bund der Räterepubliken beitreten, oder ein autonomes Gebiet in der Chinesischen Räterepublik bilden?»,[12] hieß es im November 1931.

Womöglich waren die wohlklingenden Formulierungen aber schon damals nicht so gemeint, wie sie auf den ersten Blick erscheinen. Die KP gesteht nämlich nur den «werktätigen Massen dieser Nationalitäten» das Recht auf Selbstbestimmung zu, die jedoch machten in Tibet wie in Ost-Turkestan zu der Zeit weniger als ein Prozent der Bevölkerung aus. Es gab keine Industrialisierung, die «werktätige Massen» hervorgebracht hätte.

Zehn Jahre später hatte sich an der Rhetorik noch nichts geändert. Der erste gesamtchinesische Kongress der Arbeiter- und Bauerndelegierten verabschiedete 1941 eine provisorische Verfassung, in der es hieß: «... in solchen Regionen wie Mongolei, Tibet und Xinjiang ... haben die Nationalitäten das Recht, selbst festzulegen, ob sie sich von der Sowjetrepublik China trennen und ihre eigenen unabhängigen Staaten bilden, ob sie der chinesischen Union beitreten oder ob sie autonome Regionen innerhalb der chinesischen Sowjetrepublik bilden möchten ...» Im Einklang damit agitierte Mao Zedong gegen die «repressive Politik» und den «Chauvinismus» der Guomin Tang. Er versprach, die Kommunisten würden nach ihrer Machtübernahme zur Position von Sun Yatsen zurückkehren und das Recht auf Selbstbestimmung zur Basis der Nationalitätenpolitik machen. Wie dieses Selbstbestimmungsrecht jedoch konkret umgesetzt werden sollte, war nicht klar. In den 1930er-Jahren hatte Mao unter dem Eindruck der japanischen Intervention in der Mandschurei, bei der sich die Eroberer die Rivalität zwischen Mandschuren und Chinesen zunutze machten, das «Recht auf Selbstbestimmung» nur noch für innere Angelegenheiten zugestanden. Es müsse ein einheitlicher Staat gewährleistet sein, der allerdings föderalistisch strukturiert sein könne. Dabei wollte Mao den vier großen Nationalitäten zu der Zeit noch eine eigene Verfassung zugestehen.[13]

Umgesetzt wurde davon nichts. Nach ihrer Machtübernahme am 1. Oktober 1949 vertrat die KP die Position, dass die chinesische Nation alle Staatsbürger umfasse, die auf chinesischem Territorium lebten.

Die über zwei Jahrtausende während Politik der Expansion hat – auch wenn sie von Perioden der Stagnation begleitet war – China zu einem Vielvölkerstaat gemacht, dem nicht alle Völker freiwillig angehören. In China ist dieses Bewusstsein nicht sehr ausgeprägt; das gilt für Menschen aller politischen und ideologischen Überzeugungen. Eine Revision dieses Selbstbildes ist nur über die Geschichte möglich, denn «bei der Rekonstruktion seiner Geschichte verliert China dann aber seinen scheinbar monolithischen Charakter, und es treten jene Kräfte deutlich zutage, die auch heute noch das Schicksal des Landes bestimmen, die räumlichen und klimatischen Bedingungen, die Siedlungsgeschichte und die kulturelle Vielfalt ebenso wie die Tradition regionaler und sozialer Spannungen und Gegensätze»,[14] so Helwig Schmidt-Glintzer. Gleichwohl ist die Tendenz zu einem monolithischen Staatswesen unverkennbar; wenn man die Han als eine Einheit betrachtet, was – wie im 1. Kapitel ausgeführt – zumindest auf der Ebene des nationalen Bewusstseins legitim ist. Die demografische Entwicklung spricht ebenfalls für sich. Im ersten nachchristlichen Jahrhundert stellten die nicht-chinesischen Völker etwa die Hälfte der Bevölkerung im chinesischen Reich. Im 16. Jahrhundert waren es noch 20 Prozent, und heute sind es knapp neun Prozent.[15] Diese Zahlen sind umso bemerkenswerter, da dem Reich im Laufe der Zeit immer mehr Territorien nicht-chinesischer Völker einverleibt wurden.

3. Kapitel

Zwischen rücksichtsloser Sinisierung und positiver Diskriminierung

Chinas Nationalitätenpolitik – Ein politischer Überblick

Beijings Nationalitätenpolitik zeichnet sich durch machtpolitischen Pragmatismus aus. So unterschiedlich die 55 nationalen Minderheiten sind, so facettenreich sind die chinesischen Vorgaben, doch ein Grundsatz steht über allem: Die Einheit des Staates darf nicht einmal in Ansätzen angetastet werden, und die Regierung entscheidet selbst, wann sie dort Gefahr heraufziehen sieht. Weltweit bekannt ist das harte Vorgehen gegenüber Tibetern und Uiguren, denn dort gibt es eine starke Bewegung, die sich von der Volksrepublik lösen will.

Zurückhaltender gestaltet sich die Regierungspolitik in Xishuangbanna, dem Gebiet mit der größten ethnischen Vielfalt, wo die Zugehörigkeit zur Volksrepublik keine Frage ist. Auch die Hui, die moslemischen Chinesen, haben wenig Grund, sich über die Politik der Zentralregierung zu beklagen.

Die Verfassung der Volksrepublik, die am 4. Dezember 1982 verabschiedet und seither viermal modifiziert wurde, bekennt sich zu föderalistischen Prinzipien, doch wird jede Gewährung eines Rechts sofort mit Pflichten und Einschränkungen verbunden. In Artikel 4 heißt es:

«Alle Nationalitäten … sind gleichberechtigt. Der Staat schützt die legitimen Rechte und Interessen der nationalen Minderheiten und erhält und entwickelt die Beziehungen der Gleichberechtigung, der Einheit und des gegenseitigen Beistandes unter allen Nationalitäten Chinas. Die Diskriminierung und Unterdrückung jeglicher Nationalität ist verboten, desgleichen jede Handlung, die die Einheit der Nationalitäten untergräbt oder ihre Spaltung betreibt.»

Zwei Jahre später verabschiedete der Nationale Volkskongress ein «Gesetz über die regionale Autonomie der Nationalitäten», das die konkrete Umsetzung der Autonomiebestimmungen in Bereichen wie Wirtschaft, Verfügungsgewalt über die Rohstoffe, Kultur und Bildung regelt.

Administrative Grundlagen

Einer nicht-chinesischen Nationalität anzugehören, ist auf dem Papier mit einigen Privilegien verbunden, doch die Praxis ist bisweilen eine andere Sache; das beginnt im administrativen Bereich. Die gesamte Volksrepublik ist in 31 Provinzen, fünf autonome Gebiete und vier regierungsunmittelbare Städte unterteilt.

Die fünf Autonomen Gebiete wurden für die größeren Nationalitäten geschaffen. Sie entsprechen den übrigen Provinzen. Dabei handelt es sich um Tibet, Xinjiang (ein Ausdruck, der von der Nationalbewegung der Uiguren abgelehnt wird), die Innere Mongolei, Guangxi Zhuang (im Süden) und Ningxia Hui (im Nordwesten). Diese Klassifizierung geht bis auf die Gemeindeebene hinunter. Unter den Autonomen Gebieten stehen 30 Autonome Bezirke, 120 Autonome Kreise, die Banner genannt werden, sowie etwa 1300 Autonome Gemeinden. Derartige Verwaltungseinheiten gibt es in 25 Provinzen. Die autonomen Bezirke, Kreise und Gemeinden sind also nicht auf die fünf Autonomen Gebiete beschränkt; sie können auch in gewöhnlichen Provinzen liegen. Zusammen machen sie 64 Prozent der Staatsfläche aus. Die Verfassung legt fest, dass die Gouverneure der Gebiete und die Verwaltungschefs der unteren Ebenen immer der jeweiligen Nationalität angehören müssen, nach der das Gebiet benannt ist, selbst wenn sie – wie in der Inneren Mongolei – nicht mehr die Mehrheit stellen.

Das Schicksal des Autonomen Bezirks Hainan
der Li-Nationalität

In den 1950er-Jahren erhob die Regierung die Insel Hainan zu einem Autonomen Bezirk der Li, einem Thai-Volk mit insgesamt mehr als einer Million Angehörigen. Die Insel war damals Teil der Provinz Guangdong (Kanton). Während des «Großen Sprungs nach vorn» – einem fanatischen Reformprogramm von Mao, das die Stahlproduktion auf Kosten der Landwirtschaft vorantrieb – war für solche Privilegien kein Platz mehr, der Autonome Bezirk wurde 1958 aufgelöst. Vier Jahre später, der «Große Sprung nach vorn» war aufgrund katastrophaler Folgen mit beinah 40 Mio. Hungertoten beendet worden, erinnerte sich die Führung in Beijing wieder an die Li und erneuerte den Autonomen Bezirk. Doch auch diese Epoche dauerte nur vier Jahre. 1966 begann die Kulturrevolution und damit die brutalste Assimilierung der Nationalitäten in der Geschichte Chinas. Auch für den Autonomen Bezirk Hainan war kein Raum mehr, er wurde abgeschafft, nach dem Ende des Terrors aber wieder eingesetzt. Das endgültige Aus kam 1988. Beijing hatte Großes mit Hainan vor, trennte die Insel von der Provinz Guangdong ab, erhob sie zur selbstständigen Provinz und erklärte sie zur Sonderwirtschaftszone, ein Status, der mit vielen Sonderrechten verknüpft ist. Nur die Li hatten nichts davon. Sie müssen sich seitdem mit sechs Autonomen Kreisen begnügen.

Was großzügig und tolerant klingt, hat häufig eher kosmetische Bedeutung. Die Gouverneure und Verwaltungschefs üben vor allem repräsentative Funktionen aus. Die wirkliche Macht liegt in der Hand der regionalen Parteifunktionäre – und die sind fast immer Chinesen. So gab es zwar in Tibet schon manchen tibetischen Gouverneur, doch noch nie hat es die Parteiführung gewagt, einen Tibeter mit dem Amt des KP-Chefs der «Autonomen Region Tibet» zu betrauen, dem eigentlichen Machtzentrum auf dem Dach der Welt, das unter anderem dem heutigen Staatschef Hu Jintao als Sprungbrett für seine steile Karriere gedient hat.

Weiterhin haben die nationalen Minderheiten das Recht, im Umgang mit den Behörden ihre eigene Sprache und Schrift zu benutzen. Überhaupt legte die Regierung vor allem in den 1950er-Jahren großen Wert darauf, die Sprache und Schrift der Minderheiten zu entwickeln; aus durchaus eigennützigen Gründen, wie Karl Grobe-Hagel erläutert: «Es hatte sich als ökonomisch hinderlich herausgestellt, dass viele kleinere Völker keine eigene Schrift hatten und nicht die einfachsten Buchhaltungsaufgaben in ihren Sprachen bewältigen konnten. Die Sprachenpolitik sollte nun die bereits entwickelten Sprachen und Schriften der einzelnen Nationalitäten fördern.»[16]

Die Völker mit weniger als 10 Mio. Angehörigen – das sind immerhin 53 der 55 – fallen nicht unter die strikte Ein-Familien-Politik. Die Angehörigen der Nationalitäten zahlen häufig weniger Steuern und Abgaben, und ein Proporz-System ermöglicht ihnen, mit schlechteren Noten einen Studien- oder Ausbildungsplatz zu erhalten.

Die letzte Volkszählung verzeichnete gegenüber den vorherigen einen bemerkenswerten prozentualen Anstieg der Minderheiten. So stellten sie nach einer Erhebung aus dem Jahre 1978 nur sechs Prozent der Gesamtbevölkerung.[17] Der Anstieg auf 8,41 Prozent im Jahr 2000 entspricht einem Wachstum von fast 50 Prozent. Das ist nicht allein auf steigende Geburtenraten angesichts der großzügigeren Familienplanung zurückzuführen, sondern auch darauf, dass sich Familien, die in ihrer Ahnengalerie Angehörige der Nationalitäten nachweisen können, heute aufgrund der oben genannten Regelungen lieber als solche registrieren lassen. Als Han kann sich jeder klassifizieren, ohne dafür einen besonderen Nachweis erbringen zu müssen. Wer jedoch als Angehöriger der Nationalitäten registriert werden möchte, muss eine entsprechende Abstammung nachweisen. Früher wurde das eher unterschlagen, weil es als rückständig und primitiv galt.

Die positive Diskriminierung setzt sich in der Öffentlichkeit fort, und sie prägt das Bild, das sich Chinesen wie ausländische Besucher vom Umgang mit den Minderheiten im «Reich der Mitte» machen.

Staatliche Förderung

Schon in der Hauptstadt trifft man auf sie, und damit sind nicht uigurische Geldwechsler, Händler der Hui oder tibetische Buddhisten gemeint. Der Kulturpalast der Nationalitäten, ein kaum zu übersehendes, 67 m hohes Gebäude, wurde 1959 errichtet und dient als «Brennpunkt aller Nationalitäten». Auf 13 Stockwerken wird Kunst,

Kultur und Tradition der Nationalitäten angeboten, aber auch die Propaganda ist allgegenwärtig. Vor allem die Vergangenheit der von China in jüngerer Zeit besetzten Gebiete wie Tibet wird in grellen Farben angeprangert, um dadurch die eigenen Errungenschaften umso heller erstrahlen zu lassen.

Dokument aus dem Archiv des Kulturpalastes der Nationalitäten über Tibet

Gemäß dem 17. Gesetz (die feudale tibetische Gesetzgebung trat im 17. und 18. Jahrhundert in Kraft und wurde erst 1959 abgeschafft) waren alle Tibeter in drei soziale Schichten eingeteilt, die sich wiederum jeweils in drei Grade gliederten:
Zur oberen Schicht gehörten der König der Tsang und andere Herrscher. Geshes, Lehrer der Moral, Äbte, hochrangige Beamte oder Reiche mit mehr als 300 Dienern bildeten eine Art Mittelschicht. Unabhängige Junggesellen und Bedienstete, die für die Regierung Gelegenheitsarbeiten verrichten, werden zum oberen Drittel der niedrigen Schicht gerechnet. Schmiede, Metzger und Bettler, welche einen ständigen Wohnsitz hatten und Steuern bezahlten, waren Teil des mittleren Grads der unteren Schicht, während Frauen und die übrigen Bettler, Metzger und Schmiede zum tiefsten Grad der untersten Schicht zählten.
Ein Satz in Artikel 3 des 13. Gesetzes sagt: «Personen aus der niedrigen sozialen Schicht, die jemandem aus der oberen Schicht widersprechen, sind zu verhaften.» Eine Kopie dieses Gesetzes findet sich im Archiv des Kulturpalasts der Nationalitäten unter der Nummer MB101.
Quelle: Botschaft der Volksrepublik China

Doch der Kulturpalast der Nationalitäten ist weit mehr als nur ein Museum. Zahllose Männer und Frauen in bunten Trachten, Fellmützen und kräftigen Stiefeln begrüßen immer freundlich lächelnd die Besucher. Sie sollen einen lebendigen Eindruck von ihren kulturellen Traditionen und ihrem handwerklichen Können vermitteln.

Das jüngste Projekt dieser Art in der Hauptstadt ist der ‹Chinese Ethno Cultural Park›, auch Nationalitäten-Park genannt. Das Inventar reicht von einer tibetischen Klosterstadt bis hin zu nachgebauten

Felsen und Wasserfällen aus dem Süden. Auch traditionelle Feste der Minoritäten werden aufgeführt, Speisen angeboten und Handwerkskunst demonstriert. Die kulturelle Vielfalt des Landes wird geradezu überschwänglich hervorgehoben.

Während der Olympischen Spiele 2008 fand am Eingang des Parks übrigens eine Fahrrad-Demonstration von Mitgliedern der aus dem Exil operierenden Organisation *Students for a Free Tibet* statt.

Neben diesen zentralen Einrichtungen finden sich über das ganze Land verteilt Nationalitätendörfer, in denen das Leben der lokalen Gruppen komprimiert und losgelöst vom Alltag bewundert werden kann.

Selbst bei offiziellen politischen Anlässen nehmen die Nationalitäten eine prominente Stellung ein. Wenn der Volkskongress tagt, das chinesische Parlament, richtet sich die mediale Aufmerksamkeit häufig auf die Vertreter der nationalen Minderheiten, die in ihren eindrucksvollsten Ausgeh-Trachten in Beijing erscheinen und regelmäßig in den ersten Reihen Platz nehmen. Die Verfassung garantiert ihnen die Sitze, auch wenn ihre Anzahl an der Gesamtbevölkerung prozentual gar nicht zu erfassen ist.

Gleiches gilt für Beiträge im Fernsehen und in anderen Medien. Die Nationalitäten nehmen in der öffentlichen Berichterstattung und Wahrnehmung einen Raum ein, der weit über ihrem prozentualen Anteil liegt.

Tibet – Schönheit und Anspruch

Schneebedeckte Berge vor einem strahlend blauen Himmel und immerzu freundlich lächelnde Menschen – so wurde die Tibet-Sehnsucht von Millionen von Han geweckt. Doch es waren keine Reiseberichte, die das chinesische Fernsehen im Jahre 2008 immer wieder in die Wohnzimmer seiner Zuschauer ausstrahlte. Die faszinierende Kulisse bildete den Hintergrund für eine beispiellose Propaganda-Offensive. Nach dem Volksaufstand vom März 2008, der sich auch gegen die chinesischen Siedler in Tibet richtete, berichtete das Staatsfernsehen so ausführlich wie nie über das Dach der Welt: die alten Verbindungen zwischen beiden Völkern, die schlimmen Verhältnisse vor der «Befreiung» und der Fortschritt danach; die Botschaft war eindeutig, und sie kam an.

Im Rahmen der staatlichen Vorgaben existiert auch eine konkrete Förderung im Bildungsbereich. Dazu stehen den nationalen Minderheiten drei Institutionen zur Verfügung: die allgemeinen Hochschulen, die speziellen Hochschulen sowie die Nationalitätenhochschule in Beijing. Vor allem Letztere dient dazu, Parteikader und Fachkräfte der Nationalitäten auszubilden und zu Führungsaufgaben heranzuziehen. Insgesamt legt die Partei Wert darauf, in den Autonomen Verwaltungseinheiten Vertreter der nationalen Minderheiten einzusetzen; wenn sie sich denn als loyal und vertrauenswürdig erwiesen haben. Selbst Tibetern bleibt eine Parteikarriere nicht verschlossen. Der ranghöchste Tibeter in der chinesischen Hierarchie, Sitha, ist Vizeminister im Ministerium der Einheitsfront. Dabei handelt es sich um eine der einflussreichsten Institutionen im kommunistischen Machtgefüge, denn sie ist für die Kontrolle aller religiösen und kulturellen Institutionen zuständig, die nicht offiziell der Partei angeschlossen sind.

Insgesamt sind die Auswirkungen des Schulsystems für die nationalen Minderheiten ambivalent, denn auch was positiv erscheint und gedacht worden war, dient bisweilen der Assimilierung. In den Minderheitenschulen ist die erste und häufig einzige Fremdsprache Chinesisch, in den allgemeinen Schulen Englisch, was angesichts der Globalisierung, der sich auch China nicht entziehen kann, erheblich bessere Karrierechancen eröffnet. Die Förderung der eigenen Sprache hat dagegen häufig wenig praktischen Nutzen, so dass gerade die Elite unter den Nationalitäten beinah zwangsläufig sinisiert wird.

Schließlich gewährt die Regierung den Regionen mit nationaler Autonomie finanzielle und materielle Unterstützung, um die Entwicklung ihrer lokalen Wirtschaft und Kultur voranzutreiben. Museen für die Volkskunst der Minderheiten finden sich im ganzen Land, und bedeutende Museen erhalten entsprechende Abteilungen, wie z. B. das Shanghai Museum für Chinesische Kunst, eines der bedeutendsten seiner Art in der Volksrepublik.

Die staatliche Förderung schließt auch den wissenschaftlichen Bereich ein. An der Hochschule der Nationalitäten werden Werke der Minderheiten gesammelt, redigiert und herausgegeben, darunter Veröffentlichungen wie «Ein Abriss der Geschichte der nationalen Minderheiten Chinas», «Ein Kurzbericht über die Sprachen der nationalen Minderheiten» oder «Ein Überblick über autonome Gebiete nationaler Minderheiten».

Seit Beginn der 1990er-Jahre kommt zu der Unterstützung auf staatlicher Ebene noch die kommunale hinzu. Die Regierung verordnete Partnerschaften zwischen den wirtschaftlich starken Metropolen im Osten und den strukturschwachen Regionen in den abgelegenen Landesteilen, in den die Nationalitäten leben. Die Hauptstadt selbst übernahm Verantwortung für die Entwicklung der Inneren Mongolei, Boomtown Shanghai bekam die Vielvölkerprovinz Yunnan zugewiesen, Tianjin fördert die Provinz Gansu, früher Außenposten der tibetischen Provinz Amdo. Die Kooperation umfasst verschiedene Bereiche. Maßnahmen zur Verbesserung der Infrastruktur sowie der Aufbau von Bildungseinrichtungen werden finanziell unterstützt. Darüber hinaus entsenden die Städte Experten in die abgelegenen Gebiete.

Zeit der Unterdrückung

Die Förderung kann auch als Wiedergutmachung für die Zeit betrachtet werden, als die Nationalitäten Chinas einem Assimilierungsdruck und einer Repression ausgesetzt waren wie nie zuvor in der Geschichte. Dabei handelt es sich um die Epochen von 1958 und 1962, dem «Großen Sprung nach vorn», sowie von 1966–1976, der sog. Kulturrevolution.

Beim «Großen Sprung nach vorn» ging es um eine grundlegende Umstrukturierung der Wirtschaft, die mit der größten von Menschen verursachten Hungersnot in Friedenszeiten endete. Die Mao-Biografen Jung Chang und Jon Halliday schätzen, dass in dieser Zeit etwa 38 Mio. Menschen an Hunger, Entkräftung und Überarbeitung gestorben sind.[18]

Die Kulturrevolution wollte einen neuen, revolutionären Menschen schaffen, was mit der Zerstörung von allem Traditionellen und Religiösen erzwungen werden sollte.

Unter beiden fanatischen Initiativen litten alle Menschen in China, die nationalen Minderheiten jedoch ganz besonders, da sie überwiegend in ländlichen Gebieten leben und in besonderer Weise mit ihrer Tradition verbunden sind, die ein wichtiger Bestandteil ihrer Identität ist. Der «Große Sprung nach vorn» bedeutete für viele Gemeinden

Uiguren vor der Moschee in Kashgar. Während der großen Repression flohen Zehntausende in die Sowjetunion
Foto: Roland Prior

die Zerstörung ihrer wirtschaftlichen Basis. Ohne eine solche mussten sie entweder verhungern oder sich den industriellen Kollektiven anschließen, wo sie keine Chance hatten, ihre Identität zu bewahren.

Während der Kulturrevolution war es verboten, die eigene Sprache zu sprechen; Chinesisch war das einzige Medium. Die Rotgardisten verbrannten alle alten Schriften, derer sie habhaft werden konnten, sie zerstörten Kultgegenstände ebenso wie Tempel, Kirchen und Moscheen. Der «neue Mensch» benötigte keine Religion mehr.

Religiöse Würdenträger und traditionelle Oberhäupter unterlagen besonderen Repressionen. Sie wurden ihrer Ämter enthoben, öffentlich gedemütigt, in Arbeitslager gesteckt oder hingerichtet. Das Vorgehen folgte dem zynischen Kalkül, dass eine ethnische oder religiöse Gemeinschaft leichter ohne Führung vernichtet werden kann: «Wenn du eine Schlange erschlägst, musst du den Kopf treffen, und wenn du einen Baum ausreißen willst, musst du die Wurzel ausgraben»,[19] so einer der populären Slogans der Kulturrevolution. Um den Terror ideologisch zu rechtfertigen, wurden die Opfer zu Feudalherren erklärt. Damit standen sie außerhalb der menschlichen Gemeinschaft.

Bisweilen wehrten sich die Opfer. Die Tibeter gründeten 1957, sieben Jahre nach der Besetzung, die Guerillabewegung Chusi Gangdruk. Sie leistete der Volksbefreiungsarmee mit amerikanischer Unterstützung bis 1974 Widerstand. Auch unter den Yao in der Provinz Guangxi kam es zu Aufständen, die jedoch keine Aussicht auf Erfolg hatten. Die Dai im Süden von Yunnan flohen über die Grenze nach Birma und Laos; spektakulär war der kollektive Exodus von 80 000 Kasachen und Uiguren in die Sowjetunion während der Endphase des «Großen Sprungs nach vorn».

Subtile Methoden

Nach dem Tode Maos und seiner radikalen Nachfolger ließ der Assimilierungsdruck nach, und die Angehörigen der Nationalitäten kehrten langsam zu ihrer gewohnten Lebensweise zurück – sofern es noch Strukturen gab, an die sie anknüpfen konnten.

Schon bald zeigte sich jedoch, dass es auch unter politisch liberaleren Bedingungen für die nationalen Minderheiten schwierig war, die rechtlichen Möglichkeiten auszuschöpfen, die ihnen die Verfassung zuschrieb. Thomas Heberer nennt drei Gründe dafür:

«Trotz dieser rechtlichen Aufwertung der ethnischen Minderheiten existiert keine echte Autonomie. Erstens ist die Partei (gerade auch mit ihren Organisationen in den Autonomiegebieten) den autonomen Verwaltungsstrukturen übergeordnet. Zweitens handelt es sich bei der Verfassung und dem Autonomiegesetz um ‹weiche› Gesetze, weil es aufgrund mangelnder Rechtssicherheit, fehlender Verfassungs- und Verwaltungsgerichte und der Überordnung der Partei über das Recht keine Instrumente zur Durchsetzung dieser Bestimmungen gibt. Drittens sieht das Autonomiegesetz in wichtigen Fragen keine Mitspracherechte vor.»[20]

Im Alltag stoßen die nationalen Minderheiten schnell an die Grenzen von Liberalisierung und Eigenständigkeit. Die Regierung unterscheidet zum Beispiel zwischen «gesunden» und «ungesunden» Traditionen, und natürlich behält sie sich die Einteilung vor. Diese Praxis geht bereits auf die 1950er-Jahre zurück, doch hatte sie zunächst keine große Bedeutung, denn in der Zeit der Repression war jede Tradition «ungesund».

In den relativ liberalen 1980er-Jahren traf diese Unterscheidung diejenigen der nationalen Minderheiten besonders hart, deren spirituelle Tradition auf dem Schamanismus basierte und die als indigene Völker bezeichnet werden können. Dazu zählen vor allem die Nationalitäten im Nordosten, die an die zentralasiatischen Steppen grenzen, aber auch im Südwesten. Für sie, wie für alle Völker mit einer ähnlichen Glaubensrichtung, ist der Schamane der Mittler zwischen der sichtbaren und der unsichtbaren Welt sowie der Heiler. Durch bestimmte Rituale, Trommeln und Trance stellt er die Verbindung zur Welt der Geister her, vertreibt die bösen und stärkt die guten. Eine atheistisch orientierte Bewegung sah darin nur Aberglauben und Betrug. Schamanen waren weit über die Kulturrevolution hinaus der Verfolgung ausgesetzt; heute haben sie im Zuge des forcierten Tourismus eine gewisse folkloristische Bedeutung, denn sie üben eine Faszination auf die Han aus den Zentren des Ostens sowie auf ausländische Besucher aus.

Überhaupt stehen religiöse Traditionen unter besonderer Kontrolle der Behörden. Wenn zu bestimmten Anlässen große Tiere wie Rinder geopfert werden, zählt dies zu den «ungesunden» Traditionen. Der nüchterne chinesisch-kommunistische Pragmatismus kann darin keinen praktischen Nutzen sehen.

Selbst das Liedgut wird zensiert. Texte, die gegen die rigiden moralischen Grundsätze der kommunistischen Funktionäre verstoßen, werden nicht akzeptiert. Mongolische Chöre mussten, wie die Gesellschaft für bedrohte Völker dokumentiert hat, traditionelle Lieder aus ihrem Repertoire streichen und sich an den staatlichen Vorgaben orientieren.

Das Ende der tibetischen Nomaden

Mit dem Argument, die Umwelt schützen zu müssen, werden in Tibet zu Beginn des 21. Jahrhunderts die nomadischen Strukturen vernichtet. Das Nomadentum zählt zu den Säulen der tibetischen Gesellschaft. Etwa die Hälfte der Bevölkerung lebte im unabhängigen Tibet als Nomaden oder Halbnomaden, vor allem im Nordosten und Westen des Landes. An ihrer Lebensweise hat sich auch ohne äußeren Zwang einiges geändert; wer es sich leisten kann, begleitet seine Herden mit dem Motorrad; in vielen Zelten haben moderne Medien wie Videorecorder und Fernseher Einzug gehalten.

Doch neben dieser natürlichen Entwicklung, die manchen Tibet-Romantiker stören mag, verstärkt sich vor allem im Nordosten der staatliche Druck auf diese Gruppen. Ähnlich war es bereits in den 1960er-Jahren, doch nach dem Ende der Kulturrevolution durfte sich das No-madentum wieder entfalten. Nun behauptet die Regierung, die Yak- und Schafherden der Nomaden würden die Weiden zerstören und damit zur Erosion beitragen. Um dem zu begegnen, wurden allein von 2006 bis 2009 über 300 000 Nomaden zur Sesshaftigkeit gezwungen. Nach Regierungsangaben werden sie in Ziegelhäusern untergebracht und erhalten ein Darlehen, um sich eine Existenz im Ackerbau sowie einen kleinen Viehbestand aufbauen zu können. In vielen Fällen jedoch leben die ehemaligen Nomaden in Blechhütten, ihr Wohnraum ist eng eingegrenzt und Freizügigkeit existiert für sie nicht.[21]

Die wirkliche Ursache für die zweifellos vorhandene Erodierung der Weideflächen wird damit nicht behoben. Verantwortlich dafür ist der Zuzug hunderttausender chinesischer Siedler. Sie haben den Nomaden bereits vor den jüngsten Zwangsmaßnahmen die Weideflächen streitig gemacht und eingezäunt. Den Nomaden blieben deshalb immer kleinere Gebiete für ihre Herden, die in der Tat rasch überweidet wurden. Gegen die Migration der Chinesen in die traditionellen tibetischen Nomadengebiete hat die Regierung keine Einwände.

Unter dem Eindruck anhaltender Proteste und Unzufriedenheit verschärften sich auch die Vorgaben im Bildungsbereich. Im Dezember 2008 veröffentlichte das Erziehungsministerium einen Erlass, wonach die Bedeutung der «ethnischen Einheit» – differenziert nach Altersstufen – verstärkt in den Schulen vermittelt werden muss. Den Grundschülern solle ein «grundlegendes Bewusstsein für die Bedeutung von ethnischer Einheit, die Bewahrung der nationalen Einheit und den Widerstand gegen ethnischen Separatismus» vermittelt werden.

Die Oberschüler sollen die «Überlegenheit der ethnischen Politik unserer Regierung und der kommunistischen Partei» erkennen und einen «marxistischen Blick» auf das Problem der Ethnizität werfen.[22]

Sinisierung durch moderne Infrastruktur

Hand in Hand mit den Repressionen geht der Zustrom chinesischer Siedler in die Siedlungsgebiete der nationalen Minderheiten. In der Vergangenheit war davon insbesondere die Innere Mongolei betroffen, die von Zentralchina aus am leichtesten zu erreichen war. Durch die verbesserte Infrastruktur in allen Bereichen und Regionen kennt diese Entwicklung keine Grenzen mehr. Am stärksten betroffen sind die Unruheprovinzen Tibet und Xinjiang, aber auch die Autonomen Gebiete, Bezirke und Kreise im Süden und Südwesten des Landes weisen ähnliche Phänomene auf. (Genaue demografische Zahlen siehe Kap. 4)

Für die gigantische Migrationsbewegung gibt es drei wesentliche Gründe: Die wirtschaftliche Erschließung, das politische Interesse der Zentralregierung sowie die persönliche Hoffnung vieler Menschen. Diese Motive gehen Hand in Hand. Dort, wo die Sinisierung politisch gewollt ist, finden sich zahlreiche Han, die durch die Migration in die Gebiete der Nationalitäten eine Verbesserung ihrer persönlichen Situation erwarten. Tibets Hauptstadt Lhasa sah sich nach verheerenden Überschwemmungen im chinesischen Tiefland im Mai und Juni 2006 einer Migration nie gekannten Ausmaßes gegenüber. Von den Millionen Opfern der Flutkatastrophe machte sich ein Teil auf eigene Faust mit der am 1. Juli 2006 eröffneten Eisenbahn nach Lhasa auf, um sich dort eine neue Existenz aufzubauen. Ohne staatliche Unterstützung scheitern jedoch viele, was die sozialen Span-

nungen verschärft. Zudem ließ der Ansturm die Preise für Grund-
nahrungsmittel wie Fleisch, Butter und Getreide drastisch steigen.

Überhaupt war die Eröffnung der Eisenbahnlinie nach Lhasa ein
Meilenstein auf dem Weg der Sinisierung Tibets. Durch sie hat die
Zahl der Ankünfte in Tibet im Jahre 2007 erstmals die Grenze von
4 Mio. überschritten.[23] Für 2008 waren 5 Mio. anvisiert, doch durch
den Aufstand vom März 2008 und die darauf folgende monatelange
Einreisesperre brachen die Zahlen drastisch ein. Tibet-Solidaritäts-
gruppen schätzen, dass etwa 40 Prozent der Ankommenden versuchen, sich langfristig in Tibet niederzulassen.

Die Anbindung von Xinjiang erfolgte noch früher. Eine Eisenbahnlinie von der Metropole Lanzhou nach Urumqi wurde bereits
Ende 1962 fertig gestellt; seit 1994 ist diese Verbindung doppelgleisig.
Im Zuge der wirtschaftlichen Öffnung seit den 1980er-Jahren wurde
das Streckennetz im Nordwesten erheblich ausgeweitet. Von Urumqi
führt eine Strecke weiter nach Westen bis zur kasachischen Grenze
bei Alatav, der «Dsungarischen Pforte». Eine südliche Linie geht
über Korla und Aksu bis Kashgar, dem alten Zentrum der Uiguren.
Insgesamt beträgt die Streckenlänge in Xinjiang über 3000 km. Von
Urumqi aus führen zudem sieben Fernstraßen durch das Gebiet, eine
durch die Taklamakan-Wüste ist sogar auf Treibsand angelegt. Das
Straßennetz reicht bis Gansu im Osten, Tibet im Süden sowie die
Nachbarländer Kasachstan, Kirgisistan und Tadschikistan im Westen.
Darüber hinaus gibt es einen internationalen sowie neun nationale
Flughäfen.

Auch die Innere Mongolei, der übrige Nordosten sowie die Min-
derheitengebiete im Südwesten sind inzwischen vollkommen an die
Infrastruktur der Volksrepublik angeschlossen, wobei im Süden und
Norden von Yunnan keine Eisenbahnlinie existiert, sondern Flughäfen und Straßen.

Die chinesische Führung betont in dem Zusammenhang die Chancen, die sich für die Nationalitäten aus der verbesserten Infrastruktur
ergeben: Sie sind mobiler, haben besseren Zugang zu Bildungsmöglichkeiten sowie Arbeitsplätzen und finden leichtere Absatzmärkte
für ihre Produkte. All das ist nicht von der Hand zu weisen; natürlich
benutzen auch Tibeter die Eisenbahn nach Lhasa.

Die gegenläufige Bewegung ist indes noch gravierender. Die verbesserte Infrastruktur sorgt dafür, dass immer mehr Han in die Ge-

biete der Nationalitäten ziehen. Sie kommen mit ihrer Sprache, ihrer Kultur, ihren Wertvorstellungen. Da sie innerhalb der Volksrepublik ohnehin dominieren, bedeutet die gewaltige Verschiebung der Bevölkerung eine rücksichtslose Sinisierung. Nicht die Han passen sich den vorherrschenden Verhältnissen an, sondern sie erwarten, dass sich die Einheimischen ihrem Maßstab anpassen.

Wenn die Regierung für diese Praxis kritisiert wird, verweist sie auf das Argument der Freizügigkeit. Dabei ist es nach den nationalen Gesetzen gar nicht so einfach, Freizügigkeit zu praktizieren und seinen Wohnsitz zu wechseln. Zunächst benötigt man eine begrenzte Niederlassungsbewilligung, die manchmal monatlich erneuert werden muss. Darauf folgt eine Arbeitserlaubnis, ein Schein für die Familienplanung und einer für die Möglichkeit, ein Zimmer oder eine Wohnung zu mieten. Erst wenn alle Papiere zusammen sind, ist die Umsiedlung legal. Da die Korruption weit verbreitet ist, entscheiden häufig die finanziellen Möglichkeiten über den Status. Wer ohne die nötigen Papiere angetroffen wird, kann von der Polizei aufgegriffen und in seinen Heimatort zurückgeschickt werden. In den Gebieten der Minderheiten halten sich die Sicherheitskräfte mit derartigen Maßnahmen jedoch zurück. Die spontane Migration ist im Sinne der Regierung.

Die Folgen der Migration

Die Triebfeder für die Besiedlung der großen Gebiete der Minderheiten ist wirtschaftlicher Natur. Von den fanatischen Roten Garden, die ihre Ideologie allen aufzwingen wollten, sind die heutigen innerchinesischen Migranten weit entfernt. Die Hoffnung auf sozialen Aufstieg ist in vielen Fällen mit einer gewissen Abenteuerlust verbunden, aber sie bleibt die grundlegende Motivation. So bringen die Migranten nicht nur die chinesische Sprache und Kultur in die entlegenen Winkel der Volksrepublik, sondern auch ihre wirtschaftlichen Träume von Konsum, Glitzer und Glamour; selbst wenn der Alltag noch so trist ist. Flankiert wird diese Entwicklung von den allgegenwärtigen Medien, die überwiegend in chinesischer Sprache den Traum vom großen Glück durch materiellen Wohlstand weit effizienter in den abgelegenen Landesteilen verbreiten als dereinst die Roten Garden ihre Vorstellung vom neuen Menschen.

Derartige Verlockungen stoßen auch in Xishuangbanna, Tibet, der Inneren Mongolei oder Xinjiang auf fruchtbaren Boden und werden von den Einheimischen noch schneller übernommen als Sprache und Sitten. Vor allem die junge Generation verlässt häufig die auf Subsistenz basierende Wirtschaftsweise ihrer Eltern und erhofft sich in regionalen Zentren eine bezahlte Anstellung, etwa im Dienstleistungsbereich.

Junge Frauen suchen ihr zweifelhaftes Glück zunehmend in der Prostitution. In Tibet hat das ungeahnte Ausmaße angenommen. Bis in die 1980er-Jahre hinein spielte die Prostitution dort eine untergeordnete Rolle. Mit den chinesischen Soldaten und Siedlern kamen auch Prostituierte ins Land, zunächst junge Chinesinnen aus der Provinz Sichuan, die in Tibet schnelles Geld verdienen wollten.

Seit Beginn des 21. Jahrhunderts vollzieht sich ein grundlegender Wandel, der typisch für die Gesellschaften der Nationalitäten ist. Immer mehr junge Einheimische drängen in die Prostitution. Es sind Frauen vom Lande, angezogen von den finanziellen Verlockungen. Die meisten Frauen wissen, was sie tun. Sie gehen gezielt nach Lhasa oder in andere große Städte, um sich einen Lebensstandard leisten zu können, der ohne das Gewerbe undenkbar wäre.

Weit schlimmer trifft es junge Frauen aus abgelegenen Gebieten, die unter falschen Versprechungen von Chinesen aus ihrer Heimat geholt und zur Prostitution oder in die Ehe gezwungen werden. Innerchinesischer Frauenhandel vorzugsweise mit exotischen Frauen der Minderheiten ist inzwischen ein lukrativer Wirtschaftszweig geworden.[24] Wer sich wehrt, wird gewaltsam gefügig gemacht, dokumentiert dpa-Korrespondent Andreas Landwehr.[25] Diese Entwicklung wird sich noch verschärfen, da in vielen Regionen Chinas weit mehr Jungen als Mädchen geboren werden. Heute ist es möglich, schon früh das Geschlecht des Fötus zu bestimmen, auch wenn das offiziell streng verboten ist. Dennoch blüht das Geschäft, und angesichts der Ein-Kind-Politik werden weibliche Föten häufig abgetrieben, um bei einem zweiten Versuch noch den erhofften Jungen zu bekommen.

Frustration entsteht dort, wo die geweckten Ansprüche nicht erfüllt werden können. Statt einer gut bezahlten Arbeit wartet Arbeitslosigkeit auf die regionalen Migranten. Selbst in den Minderheitengebieten werden Han in den Staatsbetrieben bevorzugt. Da Diskriminierung offiziell verboten ist, heißt es, sie würden über eine höhere Bildung und bessere Arbeitsmoral verfügen.[26] Im wirtschaftlichen Bereich zeigen sich die tief sitzenden Vorurteile der Mehrheitsbevölkerung gegen die Minderheit am deutlichsten; daran ändert auch die aufs Kulturelle reduzierte staatliche Propaganda nichts.

Wer von den Angehörigen der Minderheiten über eine hohe Bildung verfügt und sich wie der Rest der Bevölkerung am materiellen Fortschritt orientiert, emigriert häufig in die Metropolen der Ostküste, in der Hoffnung, dort mit seinen Fähigkeiten eine lukrative Stellung zu bekommen. Damit verlieren die Nationalitäten ihre Elite.

Ausbeutung der Bodenschätze

Gerade im wirtschaftlichen Bereich sollten die nationalen Minderheiten über besondere Privilegien verfügen, denn ihre Regionen beherbergen viele der Rohstoffe, die Chinas Wirtschaftswachstum ermöglicht haben. Tibet hieß schon zu Kaiserzeiten Xizang, auf Deutsch «Schatzhaus des Westens», und die Kommunisten haben den Ausdruck übernommen. Dank der Eisenbahn sind nun gute Voraussetzungen geschaffen, das Schatzhaus auszubeuten.

Neben Rohstoffen wie Holz, Uran, Eisen, Kupfer, Gold und anderen Metallen nutzt die Führung in Beijing vor allem das hydroelektrische Potenzial vom Dach der Welt. Dort entspringen sechs der bedeutendsten Flüsse Asiens, und sie werden durch zahlreiche Stauseen und Kraftwerke für die Energieversorgung genutzt. Allein in der Autonomen Region Tibet gibt es über 500 große und kleine Kraftwerke. Ihre Kapazität umfasst 500 Megawatt und sie erzeugen jährlich 1,2 Mrd. Kilowattstunden Strom.[27]

Zentraltibet und Qinghai (Amdo) bilden die Schwerpunkte dieser Entwicklung. Im Nordosten entspringt der Gelbe Fluss, der sich nicht wie die meisten anderen Ströme nach Süden wendet, sondern den Norden Chinas mit Wasser versorgt. Heute gibt es an seinem Unterlauf sechs große Staudämme, doch da die Kapazität im Tiefland an ihre Grenzen gestoßen ist und der Fluss von Verschlammung und Erosion besonders betroffen ist, konzentrieren sich die Entwicklungsplaner auf seinen Oberlauf im tibetischen Hochland. In den letzten Jahren sind dort 13 neue Staudämme errichtet worden, die meisten unterhalb der Longyang-Schlucht. Sie tragen zur Versorgung der Großstädte Xining und Lanzhou bei. 2009 erzeugt der Fluss insgesamt 11,7 Gigawatt Strom; damit kommt er an den Drei-Schluchten-Staudamm am Mittellauf des Yangtse heran. Das dortige größte Wasserkraftwerk der Erde hat eine Kapazität von 18,2 Gigawatt.[28]

Die Entwicklung lässt außer Acht, dass die Süßwasserquellen Tibets nicht unerschöpflich sind. Tibet ist eine aride Region, das heißt, die Verdunstung übersteigt die Niederschläge. Die Flüsse speisen sich vom Schmelzwasser der schneebedeckten Berge oder Gletscher. Die jedoch könnten in drei bis vier Jahrzehnten erschöpft sein, wenn die Gletscher aufgrund der Erderwärmung weiterhin im heutigen Ausmaß zurückgehen.

Auch die sozialen und wirtschaftlichen Folgen der Staudämme geben Anlass zur Sorge, das belegen offizielle chinesische Studien. Prof. Zhou Tianyong von der Zentralen Parteischule in Peking zitiert zu der Entwicklung am Oberlauf des Gelben Flusses einen Betroffenen: «Je mehr Staudämme gebaut werden, desto häufiger werden wir umgesiedelt und damit immer ärmer, und je mehr wir davon zu sehen kriegen, desto weniger Hoffnung haben wir.»

«Die Regierung versprach, dass die Dämme die Entwicklung in der Gegend fördern würden, doch das Resultat von so vielen Jahren angeblicher Entwicklung ist sehr enttäuschend», resümiert Zhou. Ihm zufolge verfügten die überwiegend tibetischen Bewohner der Gegend über ein durchschnittliches Pro-Kopf-Nettoeinkommen im Jahr 2004 von 1772 Yuan (177 €), etwa ein Siebtel des nationalen Durchschnitts. Durch den Verlust von Land und Straßen infolge der Staudämme seien viele inzwischen noch ärmer als zuvor. Ein Fünftel lebe mit einem jährlichen Einkommen von 625 Yuan oder weniger in «absoluter Armut».[29]

Ein Schatzhaus ist auch die Innere Mongolei, die unter allen Provinzen und Autonomen Gebieten über den drittgrößten Vorrat an Bodenschätzen verfügt. 120 von 140 weltweit identifizierten Mineralien finden sich dort. Die Kohlevorräte sind sogar die zweithöchsten im Land. Dazu kommen 13 große Erdöl- und Erdgasfelder.[30] Ähnliches gilt für Xinjiang, wo chinesische Ingenieure Öl, Kohle, Gold, Blei, Kupfer, Zink und Uran entdeckt haben.

Die Altstadt von Lijiang zählt zu den beliebtesten Tourismus-Zielen.
Foto: Ann-Kathrin Prior

Nationalitäten und Tourismus

Liest man die bunten Prospekte des chinesischen Fremdenverkehrsamtes, könnte die Bewunderung für die nationalen Minderheiten größer nicht sein. Über Yunnan zum Beispiel heißt es:

«Yunnan ist bekannt als Paradies für Naturliebhaber. Reisende empfinden Yunnan dank seiner vielschichtigen Bevölkerung und Traditionen als Provinz voll pittoresker und mystischer Schönheit.» Geheimnisvoll lächelnde junge Frauen, ausgestattet mit exotischem Schmuck, stattliche Männer auf Pferden, weise, ernst blickende Alte mit langen Pfeifen – die Nationalitäten scheinen immer irgendwie besonders zu sein, Alltag gibt es nicht; zumindest nicht in den Fremdenverkehrsprospekten und den Medien. Die Menschen in den Ballungsgebieten im Osten haben wenig Möglichkeiten, in ihrem Alltag Angehörigen der Nationalitäten zu begegnen – von den Hui abgesehen, deren Leben sich nur durch die Gebote des Korans von der Mehrheitsbevölkerung unterscheidet. Die phantasievollen Beschreibungen sowie die mediale Präsenz wecken das Interesse der Han an ihren «exotischen Landsleuten» und prägen das Bild von ihnen. Dadurch sind zahlreiche dieser Gebiete zu beliebten Tourismus-Zielen geworden, insbesondere der Südwesten und Tibet.

Die Auswirkungen sind ambivalent. Auf der einen Seite kann das Interesse von außen den Respekt vor der eigenen Tradition fördern, die zuvor auch von ihren eigenen Trägern häufig als «primitiv» und «unterentwickelt» betrachtet wurde. Zudem fließen Devisen in Gebiete, die zu den ärmsten in der Volksrepublik gehören.

Gleichzeitig gibt es indes kein ernstes Interesse der Besucher an dem Leben oder gar an den Problemen der nationalen Minderheiten. Sie werden auf folkloristische Unterhaltungsgegenstände reduziert, aber nicht als Nationalitäten mit einer langen und großen Tradition wahrgenommen. Der Ethnologie- und Sinologiestudent Johannes Müller-Diesing hat diese Diskrepanz in einer Seminararbeit herausgearbeitet:

«Da über 95% der Besucher Festland-Chinesen (gefolgt von Taiwan-Chinesen und Japanern) sind und deren Erwartungen an Authentizität und Unberührtheit in der Regel so gering sind wie die der meisten deutschen Touristen auf spanischen Inseln, wird von der Branche hauptsächlich auf ‹unterhaltsame Kultur› gesetzt. In riesigen Parks wird versucht den Gästen Minderheiten nahe zu bringen, was in der Regel nur in folkloristisch inszenierter Form gelingt. All der Aufwand und all der Zuspruch von den Besuchern vermittelt den Einheimischen in den meisten Fällen hingegen einen Stolz gegenüber der eigenen Kultur. Eigene Bräuche werden – einst mehr oder minder unreflektiert verinnerlicht – heute als kostbares Gut betrachtet, das erhalten werden muss. Doch eine Vermarktung brachte im Fall Yunnan auch eine Zweckentfremdung mit sich. Jahresfeste wie das Wasserfest der Dai in Xishuangbanna werden nun täglich abgehalten, Kostüme und Tänze für Freiluftshows höchstens angelehnt an die eigentliche Kultur vorgeführt und Minderheitendörfer dienen als Souvenirbereich, während hinter den Kulissen das Geld für neue private Luxusgüter gezählt wird, das die an der natürlichen Umgebung orientierte Lebensweise zunehmend entwertet und ersetzt.»[31]

Dass die Einheimischen durch die Zurschaustellung ihrer Kultur Geld für «neue, private Luxusgüter» zählen können, ist nicht selbstverständlich. Häufig machen chinesische Reiseveranstalter den meisten Gewinn aus dem Minderheiten-Tourismus. Ihnen gehören die Hotels, die größeren Restaurants und die Busse, mit denen die Reisenden unterwegs sind. Selbst die «einheimischen Fremdenführer» sind bisweilen Han in entsprechender Tracht.

Ein großes Problem des Tourismus ist der damit verbundene Tabubruch. Die Chinesen möchten im «Ethno-Urlaub» Fremdes erleben, möglichst verbunden mit Nervenkitzel, dessen Risiko jedoch überschaubar sein muss. Kopfjäger, wilde Reiter oder tätowierte Frauen sind begehrte Ziele.

Die Himmelsbestattung und die Touristen

Die Bestattung der Toten hat die alten Tibeter vor Probleme gestellt. Das Land ist karg, der Boden hart und steinig. Die Toten zu begraben, ist deshalb ebenso schwierig, wie sie zu verbrennen.

Die Tibeter praktizieren deshalb eine andere Art, die Himmelsbestattung. An speziellen Plätzen außerhalb der Ortschaften bahren Leichenbestatter die Toten nackt auf und beginnen dann, sie mit einem großen Schwert in Stücke zu hacken. Über ihnen warten die Geier, die nach getaner Arbeit kommen und die Knochen bis auf die letzten Fasern abnagen. Eine solche Art des Abschieds von den sterblichen Überresten ist nicht nur pragmatisch den gegebenen Umständen angepasst; sie ist auch zutiefst spirituell. So wird den Menschen die Vergänglichkeit der äußeren Hülle auf drastische Weise vor Augen geführt. Die irdische Existenz in einem materiellen Körper ist für gläubige Buddhisten nur Illusion, die es zu durchschauen gilt. Was zählt, ist das Bewusstsein, das sich immer wieder eine neue sterbliche Hülle sucht, bis es den Kreislauf der Wiedergeburten verlassen kann.

Noch bis vor wenigen Jahrzehnten haben die Tibeter großen Wert darauf gelegt, dass diese Form der Bestattung abseits der Lebenden in Würde und Respekt praktiziert werden konnte. Die Bestattungsplätze waren tabu für alle, die dort nichts zu suchen hatten. Inzwischen sind sie – zumindest nahe der gut erreichbaren Orte – zu Touristen-Zielen ersten Ranges geworden. →

> Ohne Verständnis für den tieferen Sinn dieses Rituals werden chinesische und westliche Touristen in Busladungen dorthin gekarrt, wo sie den Schauer des Unheimlichen über sich ergehen lassen und sich überlegen fühlen können.

Wie überall gilt auch in China der Glaubenssatz «sex sells». Unter den matriarchal organisierten Mosuo herrscht ein zwangloserer Umgang mit der Sexualität als im übrigen China. Für die Jugendlichen stehen sogar eigene Häuser zur Verfügung, in denen sie erste erotische Erfahrungen machen können – ungestört und ganz unter sich. Viele chinesische Reiseveranstalter erkannten das darin schlummernde Potenzial. Im unerschütterlichen Glauben an die moralische Überlegenheit wurde diese Sitte auf dem Jahrmarkt der touristischen Sensation dargeboten. «Perversion» und «Prostitution» lauteten die Schlagworte, und die Voyeure erschienen in Massen. Vom Zauber der Intimität blieb nichts mehr übrig.

Auch wenn es sich hier um besonders krasse Beispiele von Respektlosigkeit handelt, so ist die Tendenz dennoch eindeutig. Der Tourismus, so wie er heute weitgehend praktiziert wird, leistet einen wichtigen Beitrag zur Zerstörung der Traditionen. Der in den 1980er-Jahren in Europa geforderte sanfte – das heißt sozial- und umweltverträgliche – Tourismus könnte das ändern und für beide Seiten von Vorteil sein, doch das wird in China noch nicht einmal ansatzweise praktiziert.

Stattdessen ergibt sich aus dem touristischen Boom ein weiteres Problem. Die Angehörigen der Minderheiten, die Anteil an den Devisen haben – junge, innovative Menschen, die das Potenzial ihrer ethnischen Besonderheit erkennen und nutzen –, erliegen, wie in anderen Wirtschaftsbereichen, den materiellen Verlockungen und passen sich immer mehr der modernen Lebensweise an. Das führt zu großen Konflikten mit der älteren Generation. «Soziale Veränderungen in Form von schwindender Solidarität»,[32] konstatiert Johannes Müller-Diesing.

Zusammenfassung

Die rasanten Veränderungen, die sich in den Gebieten der Nationalitäten Chinas vollziehen und die auf eine Zerstörung der traditionellen Strukturen hinauslaufen, sind zum Teil von der Regierung initiiert und im Falle der als «gefährlich» bzw. «politisch unzuverlässig» eingestuften Gruppen wie Tibeter und Uiguren durchaus erwünscht. Damit wird dem Widerstand gegen den territorialen Anspruch vom «Reich der Mitte» wirkungsvoll und unspektakulär der Boden entzogen. Die chinesische Mehrheitsbevölkerung stellt die staatliche Einheit in den vorgegebenen Grenzen nicht infrage – unabhängig von ihrer politischen Überzeugung. Doch auch die Mehrzahl der nationalen Minderheiten erhebt keinerlei sezessionistische Forderungen.

Eine andere wichtige Ursache für die Veränderung ist die Entwicklung, die weltweit als Globalisierung bezeichnet wird. Dominierende wirtschaftliche und materielle Maßstäbe werden durch die moderne Technologie in entlegene Gebiete getragen, so dass sich ihnen kaum jemand widersetzen kann. Das weckt neue Bedürfnisse und bewegt die Menschen ohne äußeren Zwang, sich von ihrer Tradition abzuwenden.

Dennoch bietet die Entwicklung auch Chancen. Unter den Nationalitäten bildet sich eine Elite heraus, die zwar nicht mehr auf traditionelle Art lebt, sich aber dennoch mit ihrer Herkunft identifiziert. Sie ist in der Lage, sich über Grenzen hinweg zu artikulieren und womöglich die Öffentlichkeit für bestimmte Anliegen zu mobilisieren.

Es ist den Nationalitäten in China nicht möglich, in ihrer Situation zu verharren und sich am Alten, Traditionellen festzuklammern. Das mag bedauert werden oder nicht; es ist unumkehrbar. Deshalb tun sie gut daran, so weit wie möglich aktiv in die Entwicklung einzugreifen, statt ihr schutzlos ausgeliefert zu sein. Das Interesse der chinesischen Regierung, die kulturelle Vielfalt nach außen zu dokumentieren, bietet dazu gewisse Chancen.

4. Kapitel

Das andere China

55 nationale Minderheiten – Ein ethno-geografischer Überblick

Die 55 anerkannten nationalen Minderheiten vereint nur eines: Sie sind – von einer Ausnahme abgesehen – keine ethnischen Chinesen. Unter ihnen befinden sich indigene Völker aus dem laotisch-birmanischen Grenzgebiet, traditionell islamische Völker Zentralasiens oder ehemals mächtige Herrscher wie die Tibeter oder Mongolen.

Dabei ist auch die Einteilung recht willkürlich, denn die Kriterien für die Anerkennung sind uneinheitlich und undurchsichtig. Die Größe ist nicht allein ausschlaggebend. Unter den nationalen Minderheiten befinden sich sechs mit weniger als 10 000 Menschen. Auch sprachliche Kriterien bilden nicht die alleinige Basis, selbst wenn alle bis auf die Hui zumindest traditionell über eine eigene Sprache verfügen, 21 zudem über eine eigene Schrift.[33] Doch nach linguistischen Kriterien müsste es sehr viel mehr Nationalitäten geben. Das *Summer Institut of Linguistics* in Dallas, Texas, das weltweit bedeutendste seiner Art, verzeichnet für China 253 eigenständige Sprachen, darunter allein 13 chinesische.[34]

Die heutige Klassifizierung ist ein Produkt der Volksrepublik China. Sie fand in den 1950er-Jahren statt und wurde seitdem nur unwesentlich erweitert. Ursprünglich standen etwa 400 ethnische Gruppen als nationale Minderheiten zur Diskussion.[35] Allein in der Provinz Yunnan waren es 240.[36] Zwischen 1953 und 1957 suchten chinesische Ethnologen und Linguisten die Gebiete auf, in denen die nicht-chinesischen Völker lebten. Viele der Antragsteller wurden abgelehnt, weil sie als Untergruppen größerer Völker betrachtet oder den Han zugerechnet wurden. In manchen Fällen ‹schufen› die staatlichen Wissenschaftler sogar Ethnien, indem sie verwandte Gruppen unter einem Begriff zusammenfassten, wie im Falle der Zhuang. Im Prozess der Kategorisierung fand das Bewusstsein der eigenen Identität nicht unbedingt Berücksichtigung.

Bei der Ablehnung einiger Völker spielten politisch-strategische Gründe eine Rolle. So wurden die Juden, die sich um eine offizielle Anerkennung bemüht hatten, nicht berücksichtigt. Das bedeutete eine Benachteiligung gegenüber den islamischen Hui, bei denen allein die Religionszugehörigkeit die Identität ausmacht, auch wenn die Hui weitaus zahlreicher sind. Ebenso fehlen die Tuwiner, ein buddhistisches Turkvolk, das im chinesisch-russischen Grenzgebiet lebt, die Sherpa, ein tibeto-birmanisches Volk oder die matriarchal strukturierten Mosuo.

Schließlich einigten sich die Wissenschaftler auf 54 Nationalitäten. Die Zahl wurde 1979 um ein Volk erweitert, die Jinuo, die zu den tibeto-birmanischen Völkern gehören und ca. 12 000 Personen umfassen.

Die 55 nationalen Minderheiten können in zwölf Obergruppen aufgeteilt werden, die sich in erster Linie an linguistischen Kriterien orientieren. Diese Kategorisierung folgt dem Ethnologen, Sinologen und Politologen Prof. Thomas Heberer.

Auch auf Taiwan gibt es die Praxis, den eigenständigen ethnischen Gruppen, die keine Chinesen sind, den Status einer Nationalität mit einigen Privilegien zuzugestehen. Dort sind es 14 Gruppen, und die Entwicklung ist dynamischer, denn die jüngste, die 7000 Angehörige umfassenden Sediq, wurde erst im April 2008 anerkannt.

Die folgende Aufzählung orientiert sich an der geografischen Verteilung. Die Zahlen sind gerundet auf der Basis der letzten allgemeinen Volkszählung vom 1. November 2000, die durch eine stichprobenartige Erhebung 2007 aktualisiert wurde. Die anschließende Beschreibung erhebt nicht den Anspruch der Vollständigkeit. Dargestellt werden alle nationalen Minderheiten mit mehr als einer Million Angehörigen. Dazu kommen zahlreiche weitere, die zu den bekannteren gehören oder besonders erwähnenswert erscheinen, wie die Yuguren, ein Turkvolk, das mehrheitlich den Buddhismus praktiziert. Neben den offiziell anerkannten werden noch die Mosuo beschrieben, da sie aufgrund ihrer matriarchalen Gesellschaftsstruktur immer wieder für Aufmerksamkeit sorgen.

Bei der kurzen historischen Darstellung der einzelnen Völker ist grundsätzlich zu beachten, dass die Ergebnisse der modernen historischen und ethnologischen Forschung häufig der Tradition und dem Selbstverständnis der Nationalitäten widersprechen. Vor allem die größeren unter ihnen führen sich auf historische Ursprünge zurück, die wissenschaftlich nicht immer haltbar sind; das betrifft zum Beispiel die Verknüpfung des alten uigurischen Großreichs mit den heutigen Uiguren oder der Mongolen mit den Reiternomaden Xiongnu. Dennoch sind solche Traditionen Teil des kollektiven Bewusstseins, und sie dürfen schon deshalb nicht gänzlich ignoriert werden. Wie weit die einzelnen historischen Ansprüche belegbar sind oder populären Mythen entstammen, ist Gegenstand der wissenschaftlichen Forschung, auf die in einer ausführlichen Literaturliste hingewiesen wird. Das kann an dieser Stelle nicht diskutiert werden.

Die 55 nationalen Minderheiten
der Volksrepublik China

Der Süden und Südwesten

I. Die tibeto-birmanischen Völker

1. Tujia 8,1 Mio.	10. Jingpo 135 000
2. Yi (Lolo) 7,8 Mio.	11. Achang 35 000
3. Tibeter 5,5 Mio.	12. Primi 34 000
4. Bai 1,9 Mio.	13. Nu 29 000
5. Hani 1,5 Mio.	14. Jinuo 21 000
6. Lisu 640 000	15. Moinba 9000
7. Lahu 455 000	16. Derung 75 000
8. Naxi 310 000	17. Lhoba 3000
9. Qiang 300 000	

II. Die (Sino-)Thai-Völker

18. Zhuang 16,2 Mio.	23. Gelao 600 000
19. Bouyei 3,0 Mio.	24. Shui 410 000
20. Dong 3,0 Mio.	25. Mulam 210 000
21. Li 1,25 Mio.	26. Maonan 110 000
22. Dai 1,2 Mio.	→

III. Die austrischen Völker

27. Wa 400 000
28. Bulang 100 000
29. Deang (Palaung) 18 000
30. Gaoshan 4500

IV. Die Miao-Yao-Völker

31. Miao (Hmong) 9,0 Mio.
32. Yao 2,7 Mio.

V. Die vietnamesischen Völker

33. Jing (Gin) 23 000

Der Nordwesten

VI. Die Turkvölker

34. Uiguren 8,4 Mio.
35. Kasachen 1,3 Mio.
36. Kirgisen 160 000
37. Salaren 110 000
38. Usbeken 13 000
39. Yuguren 14 000
40. Tataren 5000

VII. Die iranischen Völker

41. Tadschiken 42 000

VIII. Die slawischen Völker

42. Russen 16 000

Der Nordosten

IX. Die mongolischen Völker

43. Mongolen 6,0 Mio.
44. Dongxiang 520 000
45. Tu 250 000
46. Daghuren (Daur) 135 000
47. Bonan (Baoan) 17 000

X. Die tungusischen Völker

48. Mandschuren 10,8 Mio.
49. Xibe (Xibo) 190 000
50. Ewenken 31 000
51. Oroqen 9000
52. Hezhe 4600

XI. Die Koreaner

53. Koreaner (Chosen) 1,9 Mio.

Der Südosten

54. She 710 000

XII. Streuminorität ohne geografische Zuordnung

55. Hui 9,8 Mio.

Der Süden und Südwesten

Im Südwesten Chinas leben über die Hälfte der nationalen Minderheiten des Landes. Dort wurden zwei der fünf Autonomen Gebiete errichtet, Tibet und Guangxi Zhuang, die Heimat der größten Nationalität in China nach den Han. Eine besondere Stellung nimmt die Provinz Yunnan ein. Sie ist die Vielvölkerprovinz im Reich der Mitte. Obwohl sie sich nur über 4,1 Prozent des Staatsgebietes erstreckt, bildet sie die Heimat für 24 der 55 nationalen Minderheiten. Viele von ihnen siedeln dort seit Menschengedenken, während die dominierenden Han erst seit der Tang-Dynastie allmählich in Yunnan eingewandert sind. Beherrscht wird das Gebiet von der Zentralregierung seit der mongolischen Yuan-Dynastie im 13. Jahrhundert.

Für die meisten Nationalitäten spielen die offiziellen Staatsgrenzen keine Rolle. Ihre Siedlungsgebiete erstrecken sich über zahlreiche Nationalstaaten, neben China vor allem Birma (Myanmar), Laos, Vietnam und Thailand.

I. Die tibeto-birmanischen Völker

Die Tibeto-Birmanen bestehen in China aus 17 verschiedenen nationalen Minderheiten. Damit sind sie in ihrer Vielfalt die größte unter den Obergruppen, die in den 1950er-Jahren von der Regierung amtlich anerkannt wurden. Sie werden nach linguistischen Kriterien zusammengefasst und der sinotibetischen Sprachfamilie zugeordnet, die mit etwa 1,3 Mrd. Sprechern nach der indoeuropäischen die zweitgrößte der Welt ist. Sie unterteilt sich in 340 einzelne Sprachen und ist in Ost- und Südostasien sowie dem Himalaya verbreitet. Es gibt zwei Hauptzweige, von denen der eine über eine große linguistische Vielfalt und der andere über eine bedeutende Anzahl von Sprechern verfügt: Der tibeto-birmanische Zweig unterteilt sich in 330 einzelne Sprachen mit 70 Mio. Sprechern. Der sinitische Zweig weist acht einzelne Sprachen auf, verfügt jedoch wegen der Dominanz des Chinesischen über mehr als 1,2 Mrd. Sprecher.

In der Anwendung ist der Unterschied zwischen den tibeto-birmanischen und sinitischen Sprachen mindestens so groß wie der zwischen den germanischen und den slawischen Sprachen, die beide zu den indoeuropäischen zählen. Die Sprachen der tibeto-birmanischen Völker werden aus einsilbigen und unveränderlichen Wortelementen aufgebaut. Für jede Silbe gibt es vier verschiedene Tonstufen, die ihr die Bedeutung geben.

Die Tibeto-Birmanen haben nur in Birma und früher in Tibet einen eigenen Staat bilden können. Die meisten von ihnen leben als nationale Minderheiten in oben genannten Staaten.

Ihre Heimat ist Zentralchina und Tibet; ihre Wurzeln gehen 4000 Jahre zurück. Zunächst lebten sie überwiegend vom Brandrodungsfeldbau, Jagen und Sammeln. Eine städtische Kultur entwickelte sich erst sehr spät und ist unter den in China lebenden Angehörigen noch immer nicht weit verbreitet. Die Chinesen drängten sie schließlich Richtung Süden, so dass sich ihr Siedlungsraum heute von Tibet über Yunnan bis Zentral-Birma erstreckt.

Tujia

Zweifellos sind die Tibeter die bekannteste unter allen Nationalitäten in der Volksrepublik China, doch nach ihrer Größe stehen sie gerade an 9. Stelle. Selbst unter den tibeto-birmanischen Völkern gibt es zwei größere Gruppen, die Tujia und die Yi, die beide etwa 8 Mio. Angehörige zählen. Bei der Volkszählung von 1990 wurde eine größere Zahl für die Yi ermittelt, zehn Jahre später war es umgekehrt.

Die Tujia siedeln überwiegend in Bergregionen der Provinzen Hunan und Hubei sowie im Südosten von Sichuan, wo sie einige autonome Bezirke bilden. Traditionell leben sie in Holzhäusern, ihre ökonomische Grundlage bildet die Landwirtschaft. Um in bergigen Regionen Nassreis anbauen zu können, legen sie ihre Felder terrassenförmig mit einem ausgeklügelten Bewässerungssystem an. In etwas tiefer gelegenen Regionen produzieren sie Baumwolle und Tee, mit dessen Verkauf sie Devisen erwirtschaften. Auch die Holzwirtschaft ist gut entwickelt. Darüber hinaus sind die Tujia mit zahlreichen Heilkräutern vertraut, die in ihrer Umgebung vorkommen.

Bekannt und touristisch vermarktet werden die Tujia aufgrund ihrer kunstvollen Stickereien und Brokate. Auch die reizvolle Landschaft, in der sie leben, fördert den Fremdenverkehr.

Überhaupt prägen folkloristische Elemente ihre Identität, während die Sinisierung im Alltag weit fortgeschritten ist. Sie siedeln in einer Gegend von Zentral- und Südchina, die seit dem 12. Jahrhundert von den Han dominiert wird. So spricht nur noch eine Minderheit von etwa 25 000 Menschen ihre eigene Sprache, und eine Schrift haben sie ohnehin nie gekannt. Das wichtigste Kommunikationsmittel nach innen und außen ist das Chinesische. Auch ihre künstlerischen Darbietungen, wie die traditionelle Oper, sind denen des großen Nachbarn nicht fern. Der Freiheitskampf der Tibeter ist für die Tujia nicht nur geografisch sehr weit weg.

Ursprünglich waren die Glaubensvorstellungen der Tujia stark vom Schamanismus geprägt. Der Schamane war der Vermittler zwischen den verschiedenen Welten, er konnte die Geister gnädig stimmen, war aber auch der Heiler und Ratgeber in alltäglichen Angelegenheiten. Dazu entwickelte sich im Laufe der Zeit ein ausgeprägter Ahnenkult. Schließlich kamen noch Einflüsse des Daoismus und Buddhismus hinzu, die den synkretistischen Charakter der Tujia-Religion vervollständigten.

Der Kult des Weißen Tigers

Zu den Besonderheiten der Tujia-Tradition zählt der «Kult des Weißen Tigers». Danach lebte in mythischer Vorzeit ein großzügiger, angesehener «Getreide-König», der große Ahne der Tujia. Er konnte nicht nur böse Geister besiegen, sondern brachte seinem Volk auch landwirtschaftliche Techniken nahe und führte es dadurch zu Wohlstand. Nach seinem Tod verwandelte sich seine Seele in einen weißen Tiger und fuhr in den Himmel. Seitdem erfreut sich der weiße Tiger hoher Verehrung. Viele Familien ehren sein Andenken, indem sie ihn in Form einer kleinen Statue im Haus aufstellen.

Yi (Lolo)

Die Yi, die früher auch als Lolo bezeichnet wurden, leben im äußersten Südosten des tibetischen Siedlungsraumes, insbesondere in den Bergregionen von Yunnan und Sichuan. Kleine Gruppen siedeln auch in der Provinz Guizhou sowie in der Autonomen Region Guangxi Zhuang. Streng genommen ist Yi ein Sammelbegriff für mindestens 30 verschiedene ethnische und linguistische Gruppen.

Die Yi sind weniger sinisiert als die Tujia, was darauf zurückzuführen ist, dass sie in schwerer zugänglichen Regionen siedeln. Allerdings bestehen bereits seit der Han- und Tang-Dynastie Beziehungen zum Kaiserhof, die im Laufe der Jahrhunderte immer stärker institutionalisiert wurden. Wie andere Nationalitäten beteiligten sich die Yi Mitte des 19. Jahrhunderts am Taiping-Aufstand, der das Kaiserreich in seinen Grundfesten erschütterte (siehe Zhuang). Der «Lange Marsch», mit dem sich die Kommunistische Partei 1934/35 aus der Umklammerung und drohenden Vernichtung durch die Guomin Tang rettete, führte durch das Gebiet der Yi. Dort jedoch fanden die Kommunisten weniger Unterstützung als bei anderen Nationalitäten wie den Dong oder den Zhuang.

Traditionell leben die Yi von Landwirtschaft und Viehzucht in zumeist kleinen Dörfern mit weniger als 100 Einwohnern. Ihre Gesellschaft bestand früher aus einem streng hierarchischen Drei-Klassen-System, in das jeder hineingeboren wurde, dem Adel, einer Mittelschicht und den rechtlosen Leibeigenen. Es hatte bis zur Gründung der Volksrepublik Bestand. Ehen, die nur innerhalb der einzelnen Schichten möglich waren, wurden zumeist von den Eltern arrangiert. Dabei waren Mitgift-Zahlungen verbreitet. In vielen Yi-Gemeinden war es üblich, dass die Frau bis zur Geburt des ersten Kindes bei den Eltern wohnte.

Auch wenn sie nie urbane Strukturen entwickelt haben, ist die Kultur der Yi hoch entwickelt. Spätestens seit dem 13. Jahrhundert – vermutlich sogar noch früher – besitzen sie eine eigene Schrift, die aus 1000 Zeichen besteht. Als chinesische Linguisten in den 1950er-Jahren versuchten, sie durch eine Lautumschrift zu ersetzen, wurde daraus ein Politikum ersten Ranges, wie Karl Grobe-Hagel erläutert:

Yi-Frau in Lijiang
Foto: Roland Prior

«Die alte Yi-Schrift wurde offiziell für ‹überholt› erklärt. Wer zu jener Zeit forderte, die alte Schrift müsse reformiert werden, galt als ‹Lokalnationalist› oder ‹Vertreter der Sklavenverhältnisse›. Das Experiment scheiterte. Zahlreiche Yi weigerten sich, die neue Schrift zu erlernen. Da die Lautumschrift nicht akzeptiert wurde, die alte Yi-Schrift zwischen 1958 und 1974 offiziell aber nicht benutzt werden durfte, schien es praktikabel, zur chinesischen Schrift überzugehen. Aber auch dies war nicht realisierbar, denn viele Yi lehnten es ab, Chinesisch zu lernen. Sie empfanden und empfinden die eigene Sprache als wesentlichen Bestandteil ihrer Kultur und Historie. Als 1974 eine Befragung ergab, dass eine Reform der alten Schrift erwünscht war und noch 9000 Zeichen von ihr in Gebrauch waren, resultierte dies schließlich 1980 in der Verabschiedung einer neuen Yi-Standardschrift mit 819 Zeichen durch den Staatsrat.»[37]

Somit konnten wichtige theologische und philosophische Werke in ihre Sprache übersetzt werden. Religiös herrscht ein weit verbreiteter Synkretismus vor. Die traditionelle Religion ist stark vom Ahnenkult, aber auch von naturreligiösen Elementen geprägt. Dazu kommt ein starker Einfluss des Taoismus und Buddhismus.

Seit der Herrschaft der KP sind die Siedlungsgebiete der Yi durch intensiven Straßenbau erschlossen worden. Die stark befahrene Route von Kunming nach Chengdu führt durch ihr Territorium.

Tibeter

Die Tibeter sind geradezu ein Symbol für den Widerstandsgeist gegen die chinesischen Expansionsbestrebungen. Und sie sind ein bedeutendes Kulturvolk, dessen Religion und Kultur Menschen in aller Welt faszinieren.

Mythen und Sagen berichten von einem goldenen Zeitalter der Tibeter in grauer Vorzeit. Dabei ist jedoch viel Verklärung im Spiel. Über die Vorgeschichte des Landes, die Zeit vor der Einführung der Schrift, ist wenig bekannt, da die Archäologie noch in den Kinderschuhen steckt. Die Tibeter sehen den Beginn ihrer Geschichte im Jahre 127 vor unserer Zeitrechnung. Damals soll der erste sagenhafte König des Landes, Nyatri Tsenpo, den Grundstein zur sog. Yarlung-Dynastie gelegt haben. Sie hat bis zum Jahre 842 die Herrschaft über Tibet ausgeübt. Zu der Zeit war Tibet nicht nur geistig-spirituell, sondern politisch-militärisch eine Macht. Zeitweilig reichte das Einflussgebiet bis weit ins chinesische Tiefland hinein sowie zum Golf von Bengalen.

In diese Epoche fällt auch die Heirat von Wen Cheng, einer Prinzessin der chinesischen Tang-Dynastie, mit dem tibetischen König Songtsen Gampo. Selbst für die heutigen Kommunisten ist diese feudale Heiratspolitik Legitimation ihrer Ansprüche auf Tibet. Wen Cheng war Buddhistin, und in ihrem Hofstaat befanden sich viele buddhistische Lehrer. Nach chinesischer Geschichtsschreibung hat sie sogar den Buddhismus nach Tibet gebracht. Der tibetische König hatte jedoch bereits vier Jahre zuvor die nepalesische Prinzessin Bhrikuti Devi geheiratet; ebenfalls eine Buddhistin. Sie war die erste historisch gesicherte Person, die den Buddhismus auf das Dach der Welt gebracht hat. Zudem hat sich die indisch-nepalesische Form des Vajrayana-Buddhismus bald gegenüber dem chinesischen Zen-Buddhismus von Wen Cheng durchgesetzt.

Zu einem wirklich buddhistischen Land wurde Tibet erst seit dem ausgehenden 10. Jahrhundert. Die Initiative ging erneut von Indien aus. Der indische Gelehrte Atisha ließ im ganzen Land Klöster errichten, deren Mönche einer strengen Ordensdisziplin unterworfen waren. Als er im Jahre 1054 in der Nähe von Lhasa starb, war der Grundstein für den bedeutendsten buddhistischen Staat der Welt gelegt.

Von 1278 bis 1368 herrschte in Zentral- und Ostasien die mongolische Yuan-Dynastie, deren Einfluss auch bis Tibet reichte. Die mongolische Herrschaft war für Tibet ausgesprochen fruchtbar. Es gab eine klare Gewaltenteilung: Die Mongolen beanspruchten die weltliche Gewalt, aber sie akzeptierten die geistliche Autorität des tibetischen Klerus. Einige bedeutende Äbte wurden sogar als Lehrer an den mongolischen Königshof gerufen. Im Land selbst entstanden die bis heute wichtigen buddhistischen Schulen, darunter im späten 14. Jahrhundert die Gelugpa, die Tugendhaften, deren Oberhaupt der Dalai Lama ist. Dieser Titel stammt aus dem Mongolischen und bedeutet «Lehrer des Weltenmeeres», wird aber auch – nicht ganz korrekt – mit «Ozean des Weisheit» übersetzt.

Die Kaiser der mandschurischen Qing-Dynastie übten seit dem frühen 18. Jahrhundert einen gewissen Einfluss in Tibet aus, doch nach dem Sturz des letzten Kaisers 1911 erhoben sich tibetische Verbände und vertrieben die chinesischen Soldaten aus Lhasa. Das tibetische Oberhaupt, der 13. Dalai Lama, erklärte daraufhin Tibet für unabhängig.

Auch die neue bürgerliche Führung in Peking hielt an ihrem Anspruch auf Tibet fest. Eine 1914 von den britischen Kolonialherren im benachbarten Indien initiierte Konferenz in Simla konnte den Status auch nicht klären. Die beiden Staaten einigten sich schließlich am 19. August 1918 auf den Yangtse-Fluss als Ostgrenze Tibets. Das Gebiet östlich davon wurde zur entmilitarisierten Zone erklärt. Dies bedeutete eine Teilung der alten Provinz Kham, bescherte den Tibetern jedoch vorübergehend Ruhe und Stabilität an der Grenze.

Das Land war während der Unabhängigkeit kein theokratischer Musterstaat. Die Klöster besaßen den größten Teil der landwirtschaftlichen Nutzfläche. Sie hielten viele Bauern in Schuldknechtschaft und übten zudem das Bildungsmonopol aus. Eifersüchtig wachten sie über ihre Privilegien. Der 13. Dalai Lama erkannte selbst, wie reformbedürftig das Land war, und machte sich daran, die tibetische Gesellschaft grundlegend umzugestalten. In seiner Epoche gab es die erste weltliche Schule, und die wirtschaftliche Macht der Mönche wurde beschnitten. Sein Nachfolger, der heute im indischen Exil lebende 14. Dalai Lama, knüpfte an diese Politik an. Er befreite viele Bauern aus der Schuldknechtschaft, indem er per Dekret alle Schulden, die älter als acht Jahre waren, tilgte und bei den neueren die Zinszahlungen aussetzte.

Viel Zeit für seine Reformen blieb ihm indes nicht, denn Veränderungen beim großen Nachbarn China warfen ihre Schatten auf die Entwicklung in Tibet. Dort hatte Mao Zedong nach dem Sieg der Volksbefreiungsarmee im Bürgerkrieg am 1. Oktober 1949 die Volksrepublik China ausgerufen. Eine seiner ersten Forderungen war die «Heimkehr Tibets ins chinesische Mutterland». Da es in Tibet keine relevante gesellschaftliche Gruppe gab, die diese Forderung unterstützte, marschierte die Volksbefreiungsarmee dort ein.

Auf dem Land hat sich die tibetische Tradition am besten behauptet
Foto: Roland Prior

Um der Annexion eine rechtliche Basis zu verschaffen, lud die chinesische Führung im Mai 1951 eine hochrangige tibetische Delegation ohne den Dalai Lama nach Peking. Ihr wurde ein «17-Punkte-Abkommen zur friedlichen Befreiung Tibets» vorgelegt, das die Eigenständigkeit des Landes aufhob, gleichzeitig den Tibetern jedoch weitgehende innenpolitische Autonomie zugestand.

Eskalation

Nach acht Jahren einer relativ friedlichen Koexistenz gab es Anzeichen, dass der Dalai Lama nach Beijing entführt werden sollte. Tausende von Menschen versammelten sich spontan um seinen Palast, doch die chinesische Volksbefreiungsarmee schlug den Aufstand blutig nieder. Als Soldat verkleidet gelang dem Dalai Lama die Flucht nach Indien, wo er seitdem lebt.

In der Folgezeit zerstörten die chinesischen Truppen bis auf 13 alle 6000 Tempel und Klöster im Land; etwa 1,2 Mio. Menschen fanden den Tod.

Am 9. September 1965 proklamierte die chinesische Verwaltung die «Autonome Region Tibet». Der Name ist jedoch irreführend. Von Autonomie war nie die Rede, stattdessen wurde das tibetische Territorium halbiert. Große Teile der Bevölkerung Osttibets leben seitdem in den chinesischen Provinzen Qinghai, Gansu, Sichuan und Yunnan. Wenn die Chinesen von Tibet sprechen, meinen sie allein die «Autonome Region», in der weniger als die Hälfte der Tibeter leben.

Häufig werden diese Verbrechen der Kulturrevolution in die Schuhe geschoben, unter der ganz China gelitten hat und von der sich heute selbst die KP distanziert. Im Juli 1987 veröffentlichte jedoch der damalige Vizegouverneur von Tibet, der Tibeter Pu Qiong, Statistiken, die bestätigten, was die Tibeter im Exil schon immer behauptet hatten: Die meisten Zerstörungen fanden vor der Kulturrevolution statt. Nach diesen Zahlen, die sich nur auf die «Autonome Region» beziehen, wurden 79,6 Prozent der Kultstätten sowie 93,9 Prozent der Geistlichkeit schon vor der Kulturrevolution Opfer religiöser Intoleranz.[38]

Die Grenzen der Religionsfreiheit

Es ist kalt morgens in Lhasa, der Hauptstadt Tibets, selbst im Sommer. Dennoch finden sich schon früh Hunderte von Pilgern auf dem Ritualweg ein, der um den Jokhang-Tempel führt. Alle Altersgruppen sind vertreten, von Jugendlichen bis hin zu Alten, die sich auf einen Stock stützen müssen, um die 700 Meter lange Strecke bewältigen zu können. Die meisten sind in lange Yakfell-Mäntel gehüllt; dazu bietet der traditionelle Buttertee Wärme. Viele Pilger waren Monate unterwegs, um einmal hier im Allerheiligsten des tibetischen Buddhismus ihre Opfer darbieten zu können. Dennoch käme niemand auf die Idee, direkt auf den Tempel zuzusteuern. Wie eh und je wird er zunächst mindestens dreimal im Uhrzeigersinn umrundet, manche bewältigen die Strecke sogar mit Niederwerfungen. Sie legen sich flach hin, berühren mit der Stirn den Boden und treten dann mit dem Fuß auf dieselbe Stelle. Offensichtlich ist die Tradition in Tibet noch lebendig, doch seit dem Aufstand vom März 2008 ist dort nicht mehr viel wie es war. Neben den Pilgern dominieren noch mehr als zuvor Soldaten das Zentrum der Hauptstadt. Einschränkungen gab es jedoch auch schon vor dem Aufstand. Seit 1994 sind Bilder des Dalai Lama in Tibet verboten. Bewaffnete →

Truppen durchkämmen regelmäßig Klöster und tibetische Wohngebiete auf der Suche nach derartigen Bildern. Die Familienoberhäupter müssen anschließend unterschreiben, dass sie keine besitzen. Die Mönche werden zudem gezwungen, den Dalai Lama zu diffamieren, was die meisten jedoch selbst im Angesicht drastischer Strafen verweigern.

Außerhalb von Zentral-Tibet sind die Behörden ebenso wachsam, damit nichts geschieht, was ihren Machtanspruch gefährden könnte. Die Konsequenzen aus dem Verfolgungswahn musste eine der erfolgreichsten Schulen in Osttibet erfahren. Der angesehene buddhistische Lehrer Khenpo Jigme Phuntsok, der als einer der wenigen Mönche die großen Zerstörungen im Land überlebt hatte, begann in den 1980er-Jahren in Kardze, Provinz Kham (Sichuan), das Serthar-Institut für den tibetischen Buddhismus aufzubauen, das immer mehr Menschen anzog; im Jahre 2001 lebten in Sertar 10 000 Mönche und Nonnen. Dazu kamen Hunderte Han aus der Volksrepublik, Hongkong und Singapur, die dort den tibetischen Buddhismus studieren wollten. Obwohl Khenpo Jigme Phuntsok jedwede politische Äußerung vermied und sich an alle Vorschriften der Regierung hielt, zerstörten die Behörden 2001 die meisten Unterkünfte und ordneten an, dass dort nicht mehr als 1400 Geistliche leben dürften.

Vermutlich hat dieses Vorgehen mit dazu beigetragen, dass Kardze eine der Hochburgen des Volksaufstandes vom März 2008 war.

Auch wenn in Kardze wieder einmal die Gewalt gesiegt hat, ist die Geschichte des Serthar-Instituts ein Hoffnungsschimmer für die Tibeter. Zwar interessiert sich nur eine Minderheit der Han für den tibetischen Buddhismus, doch die Zahl wächst – mit unabsehbaren Konsequenzen für die Kommunistische Partei in Beijing.

Heute macht die gezielte Ansiedlung von Chinesen die Tibeter auf eine unspektakuläre Art zur Minderheit im eigenen Land. In der Hauptstadt Lhasa ist die Gegend um den Jokhang-Tempel die letzte tibetische Enklave. In anderen Stadtteilen dominieren chinesische Gebäude, die in den letzten Jahren anstelle der traditionellen tibetischen errichtet worden sind. Und mit den neuen Häusern kamen neue Bewohner, Chinesen aus dem Tiefland, die sich in Tibet eine neue Perspektive erhoffen. Die Außenbezirke sind von gewöhnlichen chinesischen Großstädten nicht mehr zu unterscheiden. Diese Entwicklung wurde durch die chinesische Eisenbahn, die seit Juli 2006 das Dach der Welt erreicht, noch verschärft. Im gesamten tibetischen Kulturraum leben etwa 15 Mio. Chinesen.

Die tibetische Hochebene ist darüber hinaus zu einem waffenstarrenden Militärarsenal geworden. Neben einer halben Million chinesischer Soldaten sind dort Stützpunkte für Lang- und Mittelstreckenraketen, eine atomare Forschungsanlage sowie zahlreiche Militärflughäfen mit J7-Jagdgeschwadern und amerikanischen Hubschrauberstaffeln installiert. Die Militärpräsenz soll nicht nur Unruhen im Keim ersticken – dafür bedürfte es keiner Jagdbomber. Sie dient auch der Machtdemonstration gegenüber den süd- und südostasiatischen Nachbarn Indien und Vietnam. Ungeachtet einer zaghaften Entspannungspolitik bestimmen alte Rivalitäten und Grenzkonflikte das jeweilige bilaterale Verhältnis. Die strategisch günstige Lage des tibetischen Hochlands ist ein entscheidender Grund für die anhaltende Präsenz im Land.

Ein anderer Grund sind die reichhaltigen Bodenschätze. Schon im kaiserlichen China hieß Tibet Xizang, das «Schatzhaus des Westens». Dieses Schatzhaus wird nun rücksichtslos geplündert. Die großen Waldbestände im Osten, die zur Zeit der chinesischen Besetzung etwa 220 000 km² umfasst haben (das entspricht etwa 60 Prozent der Fläche Deutschlands), sind zur Hälfte abgeholzt. Die Folge sind Erosionen und Überschwemmungen, da die kahlen Hänge den starken Monsunregen häufig nicht halten können. Neben Holz verfügt Tibet über Gold, Uranerz, Lithium, Borax, Eisen, Kupfer und andere Metalle. Mit deren Ausbeutung leisten die Tibeter einen unfreiwilligen Beitrag zum Wirtschaftsboom im China. Gerade Holz ist rar im übervölkerten Reich der Mitte.

Bericht aus Lhasa, ein halbes Jahr nach dem Aufstand von 2008

«In den alten Vierteln der tibetischen Hauptstadt Lhasa wurde diese Woche – verborgen vor den Augen der Weltöffentlichkeit – eine erbarmungslose Militäroperation durchgeführt. Wenn die Nacht anbricht, schwärmen Hunderte chinesischer Truppen durch die rebellische Stadt, bewaffnet mit Schutzschildern und Sturmgewehren. Sie beziehen Posten an den Straßenecken und gehen immer in Sechsergruppen auf Patrouille, drei mit Schildern und drei mit Sturmgewehren. Die Truppen verbringen die ganze →

Nacht in den Straßen der tibetischen Viertel und halten Ausschau nach jedem Zeichen von Widerstand. Als sie an mir vorbeipatrouilliert sind, haben sie mich böse gemustert, wütend darüber, dass sich Ausländer in der Stadt aufhalten. Wenn die Sonne aufgeht, verschwinden sie nicht einfach, sondern werden durch neue Truppen ersetzt. Der militärische Würgegriff um Lhasa wird tagsüber noch durch eine Abschreckungsmaßnahme erweitert: Überall auf den Dächern um das Allerheiligste herum, den Jokhang-Tempel, sind Scharfschützen postiert, die ihre Gewehre auf die Hunderte tibetischer Pilger vor dem Tempel richten.»[39]

Bai

Noch zwei weitere der tibeto-birmanischen Völker verzeichnen mehr als eine Million Menschen, die Bai sowie die Hani.

Das Siedlungsgebiet der Bai im Norden von Yunnan gehört zu den fruchtbaren Gegenden am Fuße des Himalaya. Sie können deshalb neben dem Hauptnahrungsmittel Reis auch Getreide, Mais, Raps, Zuckerrohr, Baumwolle und Tabak anbauen. Der Fischfang erweitert ihren Speiseplan. In den Waldgebieten finden sich Edelhölzer und Heilpflanzen.

Die Bai stehen den Tibetern kulturell nahe, verfügen jedoch schon seit der Han-Dynastie über gute Kontakte zu den Chinesen. Während der Yuan-Dynastie wurde ihr Gebiet dem ‹Reich der Mitte› einverleibt.

Spirituell verehren die Bai den Bodhisattva Avalokiteshvara, den Bodhisattva des unendlichen Mitgefühls, als dessen Verkörperung der Dalai Lama gilt. In der ersten Hälfte des 20. Jahrhunderts haben zudem christliche Missionare beachtliche Bekehrungserfolge erzielt.

Die Bai besitzen ihre eigene Sprache, die jedoch nur noch von der Hälfte der Bevölkerung beherrscht wird; weit verbreitet ist das Chinesische, und sie haben bedeutende künstlerische und philosophische Werke hervorgebracht.

Das kulturelle und wirtschaftliche Zentrum der Bai ist Dali, eine der schönsten Städte Chinas im Nordwesten der Provinz Yunnan. Schon die Lage am Erhai-See könnte idyllischer kaum sein. Dali und seine Umgebung zählen zu den populärsten Touristenzielen in

Die drei Pagoden von Dali
Foto: Roland Prior

China. Die Gründung liegt über 1000 Jahre zurück, aus dieser Zeit sind noch Pagoden erhalten. Nachhaltig berühmt sind drei große Pagoden im Stil der Bai-Architektur. Sie bilden das Wahrzeichen von Dali und stammen aus der Zeit, als das Königreich Nanzhao über Yunnan geherrscht hat. Die älteste aus dem 9. Jahrhundert ist knapp 70 Meter und 16 Stockwerke hoch. Die jüngeren messen 42 Meter mit zehn Stockwerken. 1961 wurden die Bauwerke unter Denkmalschutz gestellt.

Südlich von der antiken Siedlung erstreckt sich eine moderne Stadt, in der die Zeichen der Zeit in Form von Wolkenkratzern und chinesischen Geschäftsstraßen unübersehbar sind.

Das Reich Nanzhao

Eines der bedeutendsten Reiche der heute als nationale Minderheit betrachteten Völker war das Nanzhao-Reich in Yunnan mit der Hauptstadt Dali. Es beherrschte den Südwesten Chinas von 729 bis 1254.

Nanzhao war kein ethnisch homogenes Reich. Die wichtigsten Nationalitäten waren die Bai, Thai, Tibeter und Yi. Auch einige Han lebten damals unter der fremden Herrschaft. Am Anfang stand ein Zusammenschluss von sechs Fürsten, auf die auch die Gründung der Stadt Dali im 8. Jahrhundert zurückgeht.

Macht und Stärke des Nanzhao-Reiches beruhten zunächst darauf, dass es seine Herrscher geschickt verstanden, Chinesen und Tibeter, die damals etwa gleichstarken und dominierenden Reiche, gegeneinander auszuspielen. Die chinesischen Kaiser der Tang-Dynastie erhoben Anspruch auf das Territorium, doch mit Hilfe der Tibeter wurde die chinesische Armee zweimal zurückgeschlagen. Das wiederum nährte die tibetischen Ansprüche auf Nanzhao, die vor allem von dem bedeutenden König Trisong Detsen erhoben wurden. Darauf reagierten die Nanzhao-Könige mit einer engeren Anbindung an China.

Diese geschickte Machtpolitik machte Nanzhao selbst mächtig. Seit dem 9. Jahrhundert expandierte das Reich vor allem Richtung Süden nach Birma sowie nach Vietnam. Gelegentlich wurden auch Eroberungszüge Richtung Sichuan unternommen.

Zur Stärke von Nanzhao trugen der Untergang der tibetischen Yarlung-Dynastie 842 sowie der chinesischen Tang-Dynastie 907 bei. Während sich in China die folgenden Dynastien die Herrschaft streitig machten, hat →

Tibet militärisch nie wieder eine bedeutende Rolle gespielt. Das Land wandte sich mehr und mehr der Religion zu. In Birma waren die Eroberungszüge besonders erfolgreich. Dort zerstörten sie das Reich der Pyu, eines buddhistischen Volkes mit prosperierenden Handelsstädten. In Vietnam dagegen wurden die Truppen in lang anhaltende Kämpfe verwickelt. Das Reich der verschiedenen Völker hielt sich bis zum 13. Jahrhundert, als ihm die aufstrebenden Mongolen ein Ende bereiteten. Kublai Khan nahm Dali 1254 ein, wobei es nur zu wenigen Verwüstungen kam. Da die Mongolen 1279 den Drachenthron bestiegen, begann damit die systematische Eingliederung des heutigen Südwestens in das «Reich der Mitte».

Was Nanzhao reich gemacht hatte, trug auch zum Untergang bei: Die Mongolen wollten die großen Gold- und Salzvorkommen der Region unter ihre Kontrolle bekommen.

Hani

Die Hani stammen vermutlich aus dem Nordosten des tibetischen Siedlungsgebietes, der von den Tibetern als Amdo und von den Chinesen als Qinghai bezeichnet wird. Im 3. vorchristlichen Jahrhundert begann ihre Wanderung nach Süden, die sie nicht nur in die chinesische Provinz Yunnan, sondern auch nach Vietnam geführt hat. Nach ihrem eigenen Verständnis besitzen die Hani die gleichen Wurzeln wie die Yi, von denen sie sich der Überlieferung nach vor 50 Generationen getrennt haben. Dies wird von Linguisten in ihrer Substanz bestätigt, denn beide Völker sind sprachlich eng verwandt. Eine Schrift kennen die Hani allerdings nicht. In der mündlichen Tradition wird davon berichtet, dass es ursprünglich eine Hani-Schrift gegeben habe, die jedoch während der langen Migration verloren gegangen sei.

Die Hani haben den eigentlichen tibetischen Siedlungsraum lange vor der buddhistischen Missionierung verlassen, so dass in ihren Gemeinschaften die traditionellen Naturreligionen noch lebendig sind. Sie verehren das Göttliche in zahlreichen Gottheiten, die sie mit Besonderheiten in der Natur – Quellen, Flüsse, Bäume – in Verbindung bringen. Dabei betrachten sie nicht die Naturelemente an sich als göttlich, wie den Naturreligionen häufig unterstellt wird, sondern sehen darin eine Manifestation des Göttlichen. Magische Praktiken spielen eine große Rolle bei den Hani. In den letzten Jahrzehnten ist eine wachsende Zahl von Hani zum Buddhismus übergetreten. In ihrer Gesellschaft spielen die Frauen eine wichtige Rolle, was typisch für viele tibeto-birmanische Völker ist.

Lisu

Die 640 000 Lisu gehören zu den Völkern, für die Staatsgrenzen keine Rolle spielen. Sie siedeln in den chinesischen Provinzen Yunnan und Sichuan, dazu in Birma, Thailand und dem Nordosten Indiens. Sie zählen zu den alten Völkern Südostasiens und gelten als sehr selbstbewusst; auch die Frauen spielen eine starke Rolle innerhalb der Gemeinschaft.

Noch Mitte des 20. Jahrhunderts bildete der Brandrodungsfeldbau gemeinsam mit dem Sammeln ihre wirtschaftliche Basis. In Lagen bis 1000 Meter bauten sie auch Opium an.

Jenseits der chinesischen Grenze sind diese Traditionen noch lebendig, doch die grundlegenden Veränderungen der Volksrepublik sind auch an den Lisu nicht vorübergegangen. Vor allem während der Kulturrevolution wurden sie, soweit die Roten Garden ihrer habhaft werden konnten, in landwirtschaftlichen Kommunen angesiedelt, was nicht nur eine Zerstörung ihrer Wirtschafts-, sondern auch ihrer Sozialstruktur bedeutete, die traditionell auf kleine Einheiten angelegt ist. Mehr als anderswo haben sie ihre traditionelle Lebensweise aufgegeben; einige sind in die Städte gezogen, wo sie als exotische Elemente bestaunt werden.

Andererseits haben auch chinesische Entwicklungsplaner den wirtschaftlichen Fortschritt mit all seinen Schattenseiten zu den Lisu gebracht. Um Bodenschätze auszubeuten, wurden Bergwerke und kleine Fabriken gebaut. Umweltauflagen sind unbekannt. Verschmutztes Abwasser fließt ungeklärt in die Flüsse. Ein gut entwickeltes Straßensystem ermöglicht den Abtransport der Ressourcen.

Eine Besonderheit ist die Lisu-Schrift. Sie entstand zu Beginn des 20. Jahrhunderts und geht auf den schottischen Missionar J. O. Fraser zurück. Daher wird sie auch als «Fraser-Alphabet» bezeichnet. Basis war das lateinische Alphabet, doch wurden die Buchstaben gespiegelt. Frazer, der von anderen Missionaren unterstützt wurde, ging es nicht zuletzt darum, religiöse Literatur für die Lisu drucken zu können. Damit wurde seine Initiative zu einem Politikum bei den nicht-christlichen Lisu. Ebenso ging es der Volksrepublik, die in den 1950er-Jahren eine neue Lisu-Schrift in Auftrag gab. Diese Entscheidung war ebenfalls politisch motiviert und wurde über die Köpfe der Lisu hinweg gefällt. Sie fühlten sich erneut instrumentalisiert.

Nach der ideologischen Entspannung in China verzeichnete die alte Fraser-Schrift einen neuen Aufschwung. Heute sind beide Varianten gebräuchlich.

Naxi

Ursprünglich stammen die gut 300 000 Naxi aus dem tibetischen Hochland und sind um die erste Jahrtausendwende in tiefer gelegene Gebiete eingewandert. Ihr Zentrum ist die Stadt Lijiang. Aus Tibet haben sie die Religion mitgebracht, die eine Synthese aus vielen Traditionen ist. Unter den Naxi sind die in Zentral-Tibet verbreiteten buddhistischen Schulen ebenso zu finden wie die vorbuddhistische Bön-Religion. Aus alledem entstand eine ganz besondere Tradition, die Dongba, die darüber hinaus noch Elemente des Daoismus aufnahm.

Bei der Bön-Religion handelt es sich um eine stark dualistisch geprägte Lehre. Die irdische Existenz wird als Kampf zwischen Gut und Böse angesehen, dem sich auch der Mensch nicht entziehen kann. Dabei wird jedoch auch dem Bösen sein Platz zugestanden. Damit dies nicht im Alltag der Kriminalität Vorschub leistet, gibt es zahlreiche Rituale, in denen dieser Kampf symbolisch ausgefochten wird.

Von den buddhistischen Schulen ist die Kagyüpa-Linie des Vajrayana unter den Naxi am weitesten verbreitet. Sie stammt aus dem 11. Jahrhundert und war die erste, die nicht auf einen Inder, sondern auf einen Tibeter zurückging, Guru Marpa. Neben Meditation und Ritualen spielt in ihr Yoga eine wichtige Rolle, denn Marpa lebte lange in Indien. Ein Zölibat für Yogis war dagegen nicht zwingend, auch Marpa war verheiratet. Auf die Kagyüpa-Linie geht auch die Reinkarnationslehre zurück. Zwar ist das Bewusstsein in Asien weit verbreitet, dass Leben nicht eine einmalige Existenz ist, doch die konkrete Wiederverkörperung etwa eines hohen Lama in einem Neugeborenen wiederzufinden, ist der Kagyüpa-Schule zu verdanken. Damit wird die geistige Kontinuität im Gegensatz zur körperlichen, das heißt zur Ahnenreihe, betont.

Die Dongba, die Weisen der Naxi

Die Weisheit und Tradition der Naxi lässt sich in einem Wort zusammenfassen: Dongba. Sie erfreut sich heute großer Achtung, in Lijiang wird der Besucher an jeder Ecke damit konfrontiert: T-Shirts, Mützen, Souvenirgegenstände, Bücher – Dongba ist überall, wo Touristen sind. Nicht alle, die ein Dongba-Erinnerungsstück mit nach Hause nehmen, kennen den tieferen Gehalt der Tradition, und den zu vermitteln scheint den vielen Verkäufern nicht sonderlich wichtig. Dongba bezeichnet die Schamanen ebenso wie einen religiösen Kult und eine einzigartige Bilderschrift. In dem Kult geht es darum, durch ausgeklügelte Rituale die himmlischen Mächte zu besänftigen, Dämonen zu besiegen und somit zum körperlichen und seelischen Heil der Menschen beizutragen. Die Dongba-Bilderschrift ist über 1000 Jahre alt und zeugt von einer hohen Kultur. Es gibt etwa 1400 Symbole. Allgemeingut war die Bilderschrift jedoch nie. Nur die Priester konnten sie lesen und alte Texte interpretieren.

Die chinesische Kulturrevolution brachte die Dongba-Kultur an den Rand der Vernichtung. Da sie als eines der «alten Übel» angesehen wurde, verbrannten fanatische Rotgardisten Tausende von Dongba-Rollen und zerstörten auch alle anderen äußeren Zeichen der Tradition. Die Priester wurden ermordet oder zur Arbeit aufs Feld geschickt. Heute erfreut sich die Dongba-Kultur nicht nur im Tourismus-Gewerbe neuer Achtung. Allerdings fehlt eine ganze Generation von Priestern. Die junge Generation, aus der sich der Nachwuchs rekrutieren müsste, betätigt sich lieber im Tourismus, der finanziell lukrativer ist. Materiell ist es nicht verlockend, ein Dongba-Priester zu sein. «Wir haben unsere Gaben von oben als Geschenk bekommen, da können wir kein Geld dafür verlangen, wenn wir sie weitergeben», lautet der ethische Grundsatz von vielen.

Es sind vor allem Wissenschaftler, denen das Verdienst zukommt, die alten Texte zu sammeln und das Wissen der sehr betagten Schamanen festzuhalten. Ob die Dongba-Tradition dadurch als lebendige Kultur weiterexistieren oder nur noch musealen Charakter haben wird, lässt sich noch nicht beantworten.

Das meiste, was außerhalb der Naxi über die Dongba bekannt ist, verdankt die Welt ohnehin einem Fremden, dem österreichisch-amerikanischen Forscher Joseph Rock, der in der ersten Hälfte des 20. Jahrhunderts über zwei Jahrzehnte bei Lijiang gelebt hat und von den Dongba so begeistert war, dass er zahlreiche Kultgegenstände mit in die USA genommen hat – ein «Kulturraub», der Kultur bewahrt hat.

Eine der tragischen Traditionen, mit denen die Schamanen immer wieder konfrontiert wurden, war der Liebesselbstmord. Unter den Naxi war es – wie in vielen anderen asiatischen Traditionen – üblich, dass Ehen von der sozialen Gemeinschaft arrangiert wurden. Liebten die Betroffenen jedoch jemand anderen, beugten sie sich dem Diktat nicht immer, sondern suchten lieber den Freitod. Ihre Seelen verwandelten sich gemäß der Überlieferung häufig in Dämonen, die viel Unheil anrichteten. Nur die Schamanen konnten helfen.

Die Naxi achteten schon immer selbstbewusst auf ihre Eigenständigkeit und begegneten fremden Eindringlingen äußerst abweisend. Bis ins 18. Jahrhundert hinein beschränkte sich die chinesische Macht über ihr Gebiet auf lokale Oberhäupter, zu denen der Kaiserhof formelle Beziehungen unterhielt, ohne dass es zu einer wirklichen Machtausübung kam. Die vom Konfuzianismus geprägten Qing versuchten erstmals direkten Einfluss auf die Naxi zu nehmen und setzten die lokalen Machthaber ab, doch war der Erfolg gering. Die seit Mitte des 19. Jahrhunderts auftretenden innenpolitischen Krisen, die zum langsamen Untergang der Qing führten, ließen das Interesse an der schwer zugänglichen Region sinken.

Am nachhaltigsten hat der Tourismus das Leben der Naxi beeinflusst, der in den 1990er-Jahren in ihr Gebiet Einzug gehalten hat. Gegen diese Invasion konnten sie sich nicht wehren. Dadurch ändert sich vieles, schon äußerlich. Die Altstadt wird noch immer von engen Gassen aus Kopfsteinpflaster und romantischen Kanälen geprägt. Die Dächer der nah beieinander stehenden Holzhäuser decken fast das gesamte Areal ab. Diese Romantik veranlasste die UNESCO 1997, Lijiang zum Weltkulturerbe zu erheben; eine zweifelhafte Entscheidung, denn sie leistete dem touristischen Boom erheblichen Vorschub. Die Fassaden haben sich seitdem nicht verändert, die Substanz sehr wohl. Die meisten Naxi-Familien haben ihre Häuser inzwischen verlassen. Dafür war kein äußerer Zwang notwendig, nur subtiler ökonomischer Druck. Statt ihrer bevölkern touristische Läden, Restaurants, Bars und Reiseveranstalter die Altstadt von Lijiang. Dort, wo es in die Berge geht, künden zudem Hochhäuser von einer neuen Zeit.

Die Naxi sehen diese Entwicklung mit gemischten Gefühlen. Einerseits nehmen sie Anteil am Boom, verlassen ihre traditionellen Berufe in der Landwirtschaft, im Handel oder im Handwerk, um ihren Unterhalt auf einfachere Art im Tourismusgewerbe zu verdienen. Auch chinesische Veranstalter legen großen Wert auf Naxi-Gruppen, die in traditioneller Kleidung Tänze aufführen oder sonstige Zeugnisse ihrer Kultur darbieten. Viele sehen in dem Boom eine Aufwertung ihrer Kultur, die jahrzehntelang als primitiv bekämpft worden war. Aber andere erkennen, wie oberflächlich das Interesse ist. Zudem wird dadurch die Sinisierung vorangetrieben; auch wenn das auf den ersten Blick paradox erscheinen mag. Umgangssprache im Tourismus ist das Chinesische, und die Naxi, die Anteil daran haben wollen, müssen sich im Chinesischen ausdrücken können. Dadurch verliert die eigene Sprache ihre praktische Bedeutung. Allerdings gibt es Initiativen, in der Schule wieder verstärkt die Naxi-Sprache und Schrift zu fördern.

Mosuo

Eine Untergruppe der Naxi sorgt immer wieder für Aufmerksamkeit in den europäischen Medien, weil sie Fantasien und Projektionen besonders beflügelt: die Mosuo. In ihrer Gemeinschaft haben sich matriarchale Strukturen erhalten. Die Volksrepublik erkennt die Mosuo nicht als nationale Minderheit an, was jedoch willkürlich ist. Das wichtigste Siedlungsgebiet der 35 000 Menschen ist der Lugu-See im äußersten Norden von Yunnan an der Grenze zu Tibet. Dort befinden sich etwa 20 Mosuo-Dörfer.

Wie weit man bei den Mosuo tatsächlich von einem Matriarchat sprechen kann, ist unter Ethnologen und Feminismus-Forscherinnen eine kontrovers diskutierte Frage, für deren Beantwortung auch die eigene Position entscheidend ist. Mit Sicherheit handelt es sich nicht einfach um umgekehrte patriarchale Strukturen; ebenso wenig kann aber bestritten werden, dass die Mosuo-Frauen eine starke Stellung in der Gesellschaft einnehmen, für die es nur wenige andere Beispiele gibt. Allein im nordost-indischen Bundesstaat Arunchal Pradesh gibt es ähnlich strukturierte Gruppen.

Zu den wesentlichen Elementen der Mosuo gehört, dass die wirtschaftliche Verantwortung in der Hand der Frau liegt und die Erbfolge über sie geregelt ist. Hab und Gut wird von der Mutter an die Tochter weitergegeben; der Name ebenfalls. Das ist schon deshalb unvermeidlich, weil Väter in dieser individuellen Rolle nicht bekannt sind; ja, die Mosuo-Sprache kennt nicht einmal ein Wort dafür. Zwar sind feste emotionale Partnerschaften nicht ausgeschlossen, doch sie beziehen die Sexualität nicht mit ein. Männer und Frauen gehen verschiedene sexuelle Verbindungen ein. «Nur eine Frau kann wirklich sicher sein, dass ein Kind von ihr ist. Das gilt nicht nur für uns, aber wir sind ehrlich», so eine weit verbreitete Haltung unter den Mosuo.

Was jedoch wie freie Liebe und Hippie-Kultur klingt, ist in Wirklichkeit mit einigen Tabus belegt. Es gibt drei Tabus für die Mosuo: Hunde zu essen, Katzen zu essen und über Sexualität zu reden. Die sexuellen Kontakte sind auch klaren Regeln unterworfen.

Die Mosuo verstehen sich als Teil der tibetischen Kultur. Manche berufen sich sogar auf eine weit entfernte Verwandtschaft zum 14. Dalai Lama, der ursprünglich Lhamo Thundup hieß – Lhamo ist ein weit verbreiteter Name unter den Mosuo.

Qiang

Der Begriff Qiang kommt in ethnografischen Werken über Tibet und China häufig vor, doch ist damit bisweilen Unterschiedliches gemeint. Im alten China wurden die Waldbewohner an der Westgrenze des Kaiserreiches einheitlich als «Qiang» bezeichnet. Sie bildeten eine Art Puffer zwischen dem damals bedeutenden tibetischen Königreich im Himalaya und dem chinesischen Kaiserhof im Tiefland. In dieser Rolle war ein Überleben schwierig, und so wurden die Qiang von den beiden Großreichen allmählich assimiliert. Nur ein kleinerer Teil in schwer zugänglichen Gebirgsregionen konnte sich dem widersetzen.

Sie gelten als die Vorfahren der heutigen nationalen Minderheit der Qiang, der gut 300 000 Menschen angehören. Ihr Lebensraum ist das Mittelgebirge von Nordwest-Sichuan entlang des Minjiang-Flusses. Dort wurde auch eine Autonome Präfektur errichtet. Das Klima ist relativ mild, und in abgelegenen Waldgebieten leben die letzten freien Exemplare einer Tierart, die weltweit die Herzen der Menschen besonders berührt: die Großen Panda-Bären.

Auch die heutigen Qiang sind eine Art Bindeglied zwischen der chinesischen und der tibetischen Kultur. Viele gehören dem tibetischen Buddhismus an, doch in sehr abgelegenen Regionen haben sich auch schamanistische und naturreligiöse Praktiken erhalten.

Traditionell lebten die Qiang auf der Basis des Brandrodungsfeldbaus, manche verdienten sich ihren Lebensunterhalt auch als Wanderarbeiter. Die Gesellschaft war hierarchisch strukturiert, doch hatten die Frauen eine erheblich stärkere Rolle als in den meisten traditionellen asiatischen Familien. Sie waren bei der Hochzeit in der Regel älter als die Männer, die häufig zu der Familie der Frauen zogen. Hochzeiten unter Cousins und Cousinen waren keine Seltenheit. Auch beim Gelderwerb spielten Frauen eine wichtige Rolle. Sie waren bekannt für ihre besonderen Stickarbeiten, die auf Märkten verkauft wurden.

Im Zuge einer rasanten Sinisierung seit der Gründung der Volksrepublik ist von den alten Traditionen nicht viel übrig geblieben. Verantwortlich dafür sind nicht zuletzt die reichhaltigen Bodenschätze wie Kohle, Eisen, Gips und Quarze, die im Gebiet der Qiang gefunden wurden. Das veranlasste die Regierung bereits in den 1950er-Jahren zum Straßenbau. Mächtige Stahlbrücken über den Minjiang leisteten ihren Beitrag, das Gebiet zu erschließen. Entlang der Straßen entstanden Bergwerke und Fabriken, die weitere Han-Siedler anzogen. Zudem wurden viele Flüsse gestaut und Wasserkraftwerke errichtet. Zwar ist die Zahl der Qiang nicht zuletzt durch eine bessere medizinische Versorgung deutlich angestiegen, doch ebenso der Grad der Sinisierung, der noch dadurch verstärkt wird, dass sie in Ermangelung einer eigenen Schrift die chinesische benutzen. Ob die Qiang langfristig eine eigenständige Zukunft haben, ist ungewiss.

Jinuo

Die gut 20 000 Jinuo sind insofern bemerkenswert, als es sich bei ihnen um die 55. und letzte ethnische Gruppe handelt, denen der Status einer nationalen Minderheit zuerkannt wurde. Das geschah im Jahre 1979, etwa ein Vierteljahrhundert nach der allgemeinen Klassifizierung.

Die Jinuo leben in Xishuangbanna, dem südlichen Teil der Provinz Yunnan, und gehören zu den kleinsten Minderheiten. Ihr Lebensraum erstreckt sich über 40 Dörfer. Sie besitzen eine eigene Sprache, aber keine Schrift. Auch ihre eigene Geschichte wird nur mündlich überliefert. Die Sprache verliert jedoch immer mehr an Bedeutung, weil sich die Jinuo im Zuge des Austauschs mit anderen Gruppen der chinesischen Sprache bedienen.

Traditionell praktizieren die Jinuo eine animistische Religion, die von einer beseelten Natur ausgeht. Das wichtigste Instrument der Schamanen ist die Trommel. Auch die Ahnenverehrung nimmt einen großen Raum ein, denn die Vorfahren sorgen für das Wohlergehen der Familien. Der Anbau von Trocken- und Nassreis sowie von Gemüse bildet die Lebensgrundlage. Zudem haben sie Tee kultiviert.

Lhoba

Zu den tibeto-birmanischen Völkern zählt auch die kleinste der offiziell anerkannten Minderheiten, die 2965 Lhoba, so das Ergebnis der letzten Volkszählung. Sie leben im Südosten Tibets und sprechen einen eigenen Dialekt, der nie verschriftlicht wurde. Stattdessen benutzten sie Knotenschnüre, um Nachrichten zu übermitteln. Die Lhoba selbst leben noch sehr traditionell. Bis in die 1950er-Jahre hinein betrieben sie vor allem Brandrodungsfeldbau sowie Jagd mit Pfeil und Bogen. Danach wurden sie von den Behörden zur Sesshaftigkeit gezwungen, doch viele betreiben noch immer Subsistenzwirtschaft. Neben Reis dominieren Süßkartoffeln und Gemüse. In ihren Glaubensvorstellungen folgen die meisten Lhoba schamanistischen Überlieferungen, während nur eine Minderheit den in Tibet verbreiteten Vajrayana-Buddhismus übernommen hat.

Die im chinesischen Machtbereich lebenden Lhoba machen jedoch nur einen kleinen Teil ihrer Gemeinschaft aus. Die Mehrheit von etwa 120 000 Menschen siedelt jenseits der Grenze im indischen Bundesstaat Arunchal Pradesh. Das Gebiet wird von der Volksrepublik beansprucht, da es aus chinesischer Sicht nur durch koloniale Grenzziehung der britischen Verwaltung Indien zugeschlagen wurde.

Shangri-La, Insel der Seligen, verzweifelt gesucht

Kaum jemand kennt ihn, doch sein Einfluss auf das abendländische Tibetbild kann gar nicht hoch genug eingeschätzt werden. Das hätte er sich selbst nie träumen lassen: Joseph Rock, am 13. Januar 1884 in Wien geboren und am 5. Dezember 1962 in Honolulu/Hawaii gestorben, war Linguist, Geograf und Botaniker. →

Bereits mit 23 Jahren wanderte er nach Hawaii aus, wo er zu einem bedeutenden Experten der dortigen Flora wurde. Zudem erhielt er eine Professur an der renommierten Harvard-Universität. Nachhaltigen Einfluss hatten vor allem seine Reisen in den Norden von Birma und das tibetisch-chinesische Grenzgebiet, die er in den 1920er-, 30er- und 40er-Jahren bis zur kommunistischen Machtübernahme unternahm.

Der Schwerpunkt seiner Tätigkeit war die Gegend von Lijiang, wo er sich vorübergehend niederließ. Von dort führten ihn seine Expeditionen unter anderem in das kleine tibetische Königreich Muli im Nordosten von Lijiang. Dort liegt der 6740 m hohe pyramidenförmige Meili Xueshan, den Rock als «den schönsten Berg, den ich jemals vor Augen hatte», beschrieb. In der Umgebung leben neben Tibetern auch zahlreiche kleine Völker wie die Naxi, Bai und Yi, die den Wissenschaftler mit ihrer traditionellen Lebensart sehr beeindruckt haben. In der Zeitschrift National Geographic beschrieb Rock die zauberhafte, unberührte Landschaft, die Volksgruppen, die auf ihn einen höchst zufriedenen Eindruck machten, sowie seine Gespräche mit Gyalpo, dem Herrscher von Muli.

Zu seinen Lesern zählte der britische Schriftsteller John Hilton, der Rocks Aufzeichnungen als Vorlage für seinen Roman «Der verlorene Horizont» benutzte. Das 1933 erschienene und sechs Jahre später verfilmte Buch handelt von vier Europäern, die im Norden Indiens durch eine Flugzeugentführung in ein Reich «hinter dem Himalaya» gebracht werden. Es entpuppt sich als «Shangri-La», als Insel der Seligen, wo Zeit, körperlicher Verfall, Leidenschaften und negative Gefühle keinen Raum haben. Die Reaktion der Entführten darauf ist jedoch ambivalent; letztlich können sie sich nicht darauf einlassen.

Shangri-La ist eine Verballhornung des tibetischen Begriffs Shambala, der ein mythisches Königreich der Vollkommenheit beschreibt. Hiltons Roman hat diesen Mythos aufgegriffen und damit einen wichtigen Beitrag zur Mystifizierung des alten Tibet geleistet.

Heute macht sich die Volksrepublik dies zunutze. Zahlreiche Orte im Norden von Yunnan und im Südwesten von Sichuan wetteifern darum, das wahre Shangri-La zu sein. Die Chinesen haben lange den Landkreis Zhongdian (Yunnan) favorisiert, doch westliche Hilton-Forscher siedeln das Phantasieprodukt 300 km weiter nördlich im Grenzgebiet von Yunnan und Tibet an. Letztlich wird der Ort niemals verbindlich bestimmt werden können, und so nutzen viele Gemeinden die Popularität von Shangri-La, denn sie verspricht vor allem eines: touristische Devisen.

II. Die (Sino-)Thai-Völker

Acht verschiedene Nationalitäten zählen zur Gruppe der Thai-Völker, die in den chinesischen Statistiken als Sino-Thai-Völker erscheinen. Unter ihnen befindet sich die größte der nationalen Minderheiten, die Zhuang. Linguistisch gehören sie zur Sprachgruppe der Tai-Kadai, die in Südostasien weit verbreitet ist und knapp 100 Mio. Menschen zählt. Die Sprachgruppe ist unterteilt in 69 verschiedene Sprachen, von denen Thailändisch die mit Abstand gebräuchlichste ist.

Zhuang

Die Zhuang sind eine Nation von 16 Mio. Menschen, deren Einheit nicht zuletzt durch die staatliche Kategorisierung in den 1950er-Jahren zustande gekommen ist. Heute hat sich das Bewusstsein von der Zusammengehörigkeit durchgesetzt. Ihr Siedlungsraum liegt relativ konzentriert im Süden des Landes in der Provinz Guangxi, wo es ein autonomes Gebiet Guangxi Zhuang gibt. Eine Minderheit von knapp sieben Prozent lebt in Yunnan. Darüber hinaus siedeln sie bis weit nach Vietnam hinein, wo über 2 Mio. Angehörige eines verwandten Volkes leben, die Giay. Kleinere Gemeinden existieren zudem im Norden von Laos. Mit den Vietnamesen sind die Zhuang entfernt verwandt.

Die Zhuang verfügen über eine eigenständige Sprache, jedoch hat sich ihre Schrift an der chinesischen orientiert. Inzwischen gibt es auch eine Variante in der lateinischen Schrift, die sich allerdings nicht durchgesetzt hat.

Sie sind nach den Chinesen nicht nur die größte, sondern auch eine der traditionsreichsten Nationalitäten Chinas. Ihren Ursprung führen sie auf das Reich Nanyue (Nan-Yue) zurück, das in den letzten zwei Jahrhunderten vor der Zeitenwende Gebiete im Süden Chinas und Norden Vietnams beherrscht hat. Die Vorfahren der Zhuang waren hoch entwickelt in der Verarbeitung von Kupfer, Eisen und Bronze. Aus der Zeit sind noch 500 Bronzetrommeln erhalten, die bis zu 300 kg wiegen.

Besonders berühmt sind die Zhuang für die Herstellung von Brokat. Während der Kaiserzeit beherrschte jede Zhuang-Frau, die etwas auf sich hielt, diese Technik. Zur Ming-Zeit wurde Brokat besonders geschätzt. Mit Brokat verzierte Textilien waren der wichtigste Tribut, den die Zhuang dem Kaiser auf dem Drachenthron entrichteten.

Wie die meisten Völker Südostasiens bauen die Zhuang in erster Linie Reis an, dazu kommen verschiedene Gemüsesorten; auch der Wasserbüffel ist weit verbreitet. Nach der Gründung der Volksrepublik wurden zahlreiche Bewässerungskanäle angelegt, die zu einer erheblichen Steigerung der landwirtschaftlichen Produktion führten.

Zur Kultur der Zhuang gehören vielfältige Lieder und Tänze. Sie sind weit über ihre Grenzen hinaus bekannt für ihre Sängerfeste. An der größten Veranstaltung dieser Art, einem Frühlingsfest, das immer am 3. Tag des 3. Mondes nach dem traditionellen Mondkalender stattfindet, nehmen 10 000 Sängerinnen und Sänger teil sowie Hunderttausende Besucher. Die Darbietungen werden von großen Märkten begleitet. Auch die Tradition der Oper ist bei den Zhuang ausgeprägt, jedoch können nur geübte Ohren ihre Aufführungen von denen der Chinesen unterscheiden. Erleichtert wurden die künstlerischen Aktivitäten dadurch, dass 1955 eine Zhuang-Schrift entwickelt wurde, die es zuvor nicht gab. Ebenso wie die darstellenden Künste ist das Kunsthandwerk hoch entwickelt und berühmt.

Bis heute ist der traditionelle, vom Animismus geprägte Glaube noch lebendig, vor allem in den ländlichen Gebieten. Durch den Kontakt mit den Chinesen übernahm eine wachsende Zahl der Zhuang den Daoismus; in den letzten zwei Jahrhunderten drangen auch die anderen Weltreligionen Buddhismus, Christentum und Islam in ihren Siedlungsraum ein.

Der Taiping-Aufstand

Vertreter der Zhuang spielten eine wichtige Rolle im Taiping-Aufstand Mitte des 19. Jahrhunderts. Ein zum Christentum konvertierter Chinese hatte die Bewegung gegründet. Er proklamierte ein «Himmlisches Reich des Großen Friedens» und brachte mit seinen sozialen Forderungen große Teile der verarmten Landbevölkerung hinter sich. Die Auseinandersetzungen nahmen bald militante Formen an und mündeten in einen Versuch, die Qing-Dynastie zu stürzen. Anfangs erzielten die Aufständischen →

große militärische Erfolge. Sie besetzten sogar die Stadt Nanjing, eines der wichtigsten Zentren Chinas. Doch innere Zerwürfnisse machten die Erfolge zunichte. Nach 14 Jahren gingen die Truppen der Qing-Dynastie schließlich als Sieger aus den Gemetzeln hervor, wobei ihnen britische und französische Truppen zu Hilfe kamen, die im Hafen von Shanghai lagen. Zurück blieben 30 Mio. Tote. Damit ist der Taiping-Aufstand der blutigste innerchinesische Konflikt bis zu den Säuberungen Maos.

Bis in die jüngere Geschichte hinein haben Zhuang an den landesweiten politischen Bewegungen mitgewirkt. In den 1930er-Jahren beteiligten sich viele Zhuang-Genossen am Aufbau der Volksbefreiungsarmee sowie der Kommunistischen Partei. Kein Geringerer als der Politkommissar Deng Xiaoping rekrutierte viele Zhuang, die sich sogar am «Langen Marsch» Maos beteiligten. Während der Kulturrevolution wurden die Zhuang dennoch wie «Reaktionäre» behandelt und ihre Kultur für rückständig erklärt. Vor allem viele Intellektuelle – zuvor die größten Sympathisanten der Kommunisten – starben bei den Säuberungen oder wurden in abgelegene Gebiete deportiert.

Bouyei

Mit etwa 3 Mio. Angehörigen zählen die Bouyei zu den zehn größten unter den nationalen Minderheiten in der Volksrepublik. Doch schon diese Einteilung ist umstritten, denn sie sind linguistisch mit den Zhuang so nah verwandt, dass sie auch als deren Untergruppe betrachtet werden könnten, so wie es vielen anderen ethnischen Gruppen widerfahren ist, die den Status beantragt haben. Über eine eigene Schrift verfügen die Bouyei nicht.

Die Bouyei leben überwiegend in der Provinz Guizhou, der Nachbarprovinz von Yunnan, sowie der Autonomen Region Guangxi Zhuang. Im Gegensatz zu vielen anderen Völkern sind sie nicht erst nach einer langen Wanderung in den Süden Chinas gelangt, sondern hatten dort von Anfang an ihre Heimat.

Bis in die Gegenwart hinein haben die Bouyei viele Traditionen bewahrt. Sie folgen einer animistischen Religion, die in der Natur

Traditionelle Bouyei-Familie
Foto: Roland Prior

Elemente der göttlichen Offenbarung sieht. Allerdings verzeichneten katholische Missionare im 19. und frühen 20. Jahrhundert unter den Bouyei erhebliche Bekehrungserfolge, was bis heute zu spüren ist.

Auch in der Wirtschaft hält sich die Tradition. Reis ist die Basis der Landwirtschaft, dazu kommen verschiedene Gemüsesorten und Kartoffeln. Zudem bauen sie schon lange sog. Cash-Crops an, Produkte, die auf den großen Märkten verkauft werden und Devisen in die Gemeinden bringen, wie z. B. Tabak, Tee, Heilkräuter und Baumwolle. Die Gegend ist sehr fruchtbar und klimatisch begünstigt. Auch die Handwerkskunst ist hoch entwickelt, vor allem die Batik.

Ungewöhnlich ist die Siedlungsweise der Bouyei. Im Gegensatz zu den meisten nationalen Minderheiten im Süden Chinas leben sie in Stein-, nicht in Holzhäusern auf Stelzen. Traditionell umfasst ein Dorf nie mehr als 100 Familien.

Die reizvolle Umgebung mit Großwild in den ausgedehnten Dschungelgebieten und das exotische Flair haben die Heimat der Bouyei zu einem wichtigen touristischen Anlaufpunkt gemacht, mit allen Vor- und Nachteilen, die bereits bei anderen Völkern aufgezeigt wurden.

Dong

Die Dong zählen etwa ebenso viele Angehörige wie die Bouyei, mit denen sie verwandt sind. Auch die Wirtschaftsweise beider Völker ähnelt sich sehr. Ihre Heimat ist die Autonome Region Guangxi Zhuang, doch leben heute viele in den Provinzen Guizhou und Hunan.

Traditionell war auch die Religion ähnlich wie die der Bouyei, doch gab es keine katholische Missionierung. Stattdessen sind viele Dong in jüngerer Zeit zum Buddhismus konvertiert, was auf thailändischen Einfluss zurückgeht.

Ihre Häuser bauen die Dong aus Holz und Bambus, sie können bis zu drei Stockwerke hoch werden. Oben leben die Menschen und unten die Tiere. In vielen Dong-Dörfern steht ein relativ hohes Gebäude, das auf den ersten Blick wie ein Stupa aussieht, ein traditioneller buddhistischer Reliquienschrein. Tatsächlich jedoch handelt es sich um einen bis zu zehnstöckigen Trommel-Turm. Er darf nur aus Holz, ohne irgendein Metall errichtet werden und bildet das soziale Zentrum der Gemeinschaft. Dort treffen sich die Menschen zu Festen und Versammlungen.

In den 1920er-Jahren hatte die Kommunistische Partei unter den Dong große Unterstützung. Der «Lange Marsch», mit dem sich die fast geschlagene kommunistische Bewegung vor der völligen Vernichtung durch die Guomin Tang rettete, führte durch das Gebiet der Dong, die den Kommunisten erhebliche materielle Unterstützung zukommen ließen und zudem als Führer dienten.

Die KP dankte den Dong ihre Unterstützung nicht. Abgesehen davon, dass sie wie alle anderen Nationalitäten unter der Intoleranz der Roten Garden zu leiden hatten, hat die forcierte Industrialisierung in einigen ihrer Gebiete besonders extreme Folgen hinterlassen. In dem Autonomen Bezirk Qiandongnan im Südosten der Provinz Guizhou, wo die Dong gemeinsam mit den Miao drei Viertel der Bevölkerung stellen, wurden große Industrieanlagen errichtet. Für die Regierung in Beijing ist dies ein Zeichen des Fortschritts, der auch vor den Minderheiten nicht Halt macht. Zu den Schattenseiten gehört jedoch, dass es keinerlei Umweltauflagen gibt. Verseuchtes Wasser gelangt somit ungeklärt in die Flüsse, die extrem verschmutzt sind. Dadurch kommt es zu einer weit überdurchschnittlichen Zahl an Erkrankungen, gerade bei Kindern.

Li

Die Heimat der Li sind die Provinzen Guangdong und Guangxi, doch besiedelten sie bereits vor etwa 3000 Jahren auch die Insel Hainan, wo die Mehrzahl von ihnen lebt. Sie gehörten damit zu den ältesten Siedlern der Insel. Hainan, der südlichste Punkt Chinas, liegt im Übergang vom subtropischen in den tropischen Bereich, etwa auf der Höhe der Sahara. Da die Niederschläge reichlich sind, ist die Insel sehr fruchtbar. Diese äußeren Bedingungen prägen das Leben der Li. Sie leben traditionell in kleinen Häusern aus Holz und Bambus, die in drei Zimmer unterteilt sind. Die Dächer sind pyramidenförmig. Dadurch fließen die Niederschläge leichter ab.

Die Landwirtschaft bildet die Lebensgrundlage. Reis, Süßkartoffeln, tropische Früchte, aber auch Baumwolle, Kaffee, Zitronengras, Nüsse und zahlreiche Heilkräuter gedeihen gut. Auf der Basis der Kräuter entstand eine hoch entwickelte Heilkunst, die sogar in der Lage ist, giftige Schlangenbisse und Tollwut zu neutralisieren. Den Speiseplan ergänzen Tierhaltung, Jagd und Fischfang.

Die Li besitzen eine eigene Sprache, allerdings keine Schrift, sondern bedienen sich des Chinesischen. Versuche aus den 1950er-Jahren, eine eigene Schrift zu entwickeln, haben sich nicht durchgesetzt. Traditionell sind auch die Glaubensvorstellungen, in denen Naturreligionen und Ahnenverehrung eine wichtige Rolle spielen.

Die Li sind weit über ihre Heimat hinaus als Kunsthandwerker berühmt. Sie stellen eine reich verzierte Keramik her; Alltagsgegenstände wie Töpfe und Schüsseln, aber auch ihre Vasen und Schalen werden bis in die chinesischen Metropolen verkauft. Zudem sind sie für ihre kunstvollen Spinn- und Webtechniken bekannt. Sie gehörten zu den ersten Völkern im Gebiet der heutigen Volksrepublik, die weben konnten, wie in chinesischen Quellen aus dem 5. Jahrhundert überliefert ist.

Schon zur Kaiserzeit, vor allem während der Tang-Dynastie, wurde Hainan zur Verbannungsinsel für unliebsame Personen, darunter Staatsbeamte, Intellektuelle und Dichter. Der Bekannteste unter ihnen war der politisch ambitionierte Dichter, Maler und Kalligraf Su Shi (1037–1101), der 1094 unfreiwillig auf die Insel kam. Gleichzeitig widersetzten sich die Li, die von den Chinesen damals zu den barbarischen Völkern des Südens gezählt wurden, lange Zeit allen Versuchen, sie zu unterwerfen.

Su Shi auf Hainan

Su Shi (1037–1101) ist einer der bedeutendsten Dichter Chinas, der zudem als Maler, Kalligraf und Politiker in Erscheinung getreten ist. Er kam aus der Provinz Sichuan, und bereits sein Vater war ein Dichter. Die Familie stammte aus der Provinz, wo auch Su Shi geboren wurde, siedelte jedoch nach Kaifeng über, der Hauptstadt der Song-Dynastie. Zunächst schlug er die höhere Beamtenlaufbahn ein, unterlag jedoch bei internen Machtkämpfen am Hof und wurde nach Hangzhou verbannt. Zwar konnte er bald an den Kaiserhof zurückkehren, doch sein Schicksal blieb unstet. Am Ende stand er wieder auf der Seite der Verlierer und wurde nach Hainan verbannt. Die von den Li bewohnte Insel gehörte damals noch nicht zum unmittelbaren chinesischen Machtbereich, so dass der politisch ambitionierte Künstler von jeder Einflussnahme abgeschnitten war. Umso mehr konnte er sich seinen künstlerischen Ambitionen widmen. Die Naturlyrik nahm einen großen Raum in seinen Werken ein. Obwohl die tropische Insel eine gewisse Faszination auf den Verbannten ausübte und die ungewohnte Umgebung ihn inspirierte, hoffte er auf seine Rehabilitierung. Dazu kam es 1101, doch das Schicksal war dem bedeutenden Künstler einmal mehr nicht wohlgesonnen. Er verstarb auf dem Rückweg in die Hauptstadt.

Inzwischen hat das tropische Paradies Risse bekommen, und die derzeitige Entwicklung sorgt dafür, dass es bald nur noch romantische Erinnerung ist. Die Chinesen haben Großes mit Hainan vor und bestimmen das Tempo.

Dabei begann die neue Zeit recht verheißungsvoll. In den 1950er-Jahren verwandelte die Volksrepublik die gesamte Insel in einen Autonomen Bezirk der Li. Die Autonomie währte jedoch nicht lange; die Kulturrevolution zerstörte viele der traditionellen Strukturen im wirtschaftlichen, sozialen und kulturellen Bereich. Nach dem Sturm der Zerstörung war die Insel völlig heruntergekommen, geprägt von weit verbreitetem sozialen Elend. Um dem zu begegnen, wurde sie 1988 zur eigenständigen Provinz und Sonderwirtschaftszone erhoben. Das nützte jedoch weniger den Li als chinesischen Geschäftsleuten und ausländischen Investoren, die in großer Zahl auf der Insel erschienen. Ihr Entwicklungskonzept sah für die Li wenig Raum vor, die ohnehin nicht einmal mehr 20 Prozent der Inselbevölkerung stellen. Allein im Tourismus, der systematisch gefördert wird und Jahr für Jahr Wachstumsraten von bis zu 30 Prozent verzeichnet, sind sie als exotische Staffage willkommen. Den Gewinn machen jedoch chinesische Unternehmen. Sie wollen Hainan in ein «chinesisches Bali» verwandeln.

Die strategisch günstige Lage nicht weit von der vietnamesischen Küste hat auch das Interesse des Militärs geweckt. Hainan ist eine der militarisiertesten Regionen Chinas mit mehreren Stützpunkten der Luftwaffe sowie einer großen Marinebasis in Sanya. Dazu kommt ein geplantes Luft- und Raumfahrtzentrum, von dem aus Satelliten und Sonden ins Weltall geschickt werden sollen.

Dai

Zu den bekanntesten Tai-Kadai-Völkern zählen die Dai im Süden Xishuangbannas. Sie sind Verwandte der Thai, dem Staatsvolk in Thailand. Während Thailand seine industrielle Entwicklung vorantreibt und zu den «Tigern» zählt, die massiv auf den Weltmarkt drängen, zeigen die Dai die traditionelle Variante dieser Kultur.

Ihre Wurzeln gehen ins erste vorchristliche Jahrhundert zurück. Sie leben in den fruchtbaren subtropischen Breitengraden, wo neben dem Hauptnahrungsmittel Reis zahlreiche Nutzpflanzen, Früchte und Kräuter gedeihen. Aber auch die Tierhaltung ist weit verbreitet.

Ursprünglich erstreckte sich ihr Siedlungsgebiet über weite Strecken Südwestchinas, etwa die heutigen Provinzen Guizhou, Yunnan und Sichuan. Bereits zur Zeit der Han-Dynastie kamen sie mit den Chinesen in Kontakt. Chinesische Quellen bewunderten ihre hoch entwickelte Landwirtschaft, die sich Wasserbüffel und Arbeitselefanten zunutze machte. Auch die Metallverarbeitung war den Dai vertraut.

Im 12. Jahrhundert waren die Dai so mächtig, dass sie ein regionales Großreich mit der Hauptstadt Jinghong im heutigen Xishuangbanna errichteten. Die Untertanen der Dai zählten etwa eine Million Menschen, und die Kontakte reichten bis zum chinesischen Kaiserhof. Von dort kam auch das Ende der Eigenständigkeit, denn die mongolische Yuan-Dynastie dehnte ihren Einfluss immer weiter Richtung Südwesten aus. Die darauf folgenden Ming setzten die Expansion fort und förderten die Ansiedlung chinesischer Zivilisten. Allerdings hofierten sie auch lokale Fürsten, da sie zu einer direkten Machtausübung noch nicht in der Lage waren. Erst während der Qing-Dynastie wurde der gesamte chinesische Südwesten in das Reich integriert.

Wie ihre berühmten Verwandten in Thailand zählen die Dai in ihrer Religion zum Hinayana-Buddhismus, der nach dem Terror der 1960er- und 70er-Jahre heute wieder seinen Platz in der Gesellschaft gefunden hat. Die Heimat der Dai ist eine der Regionen, in der die offiziell bestehende Religionsfreiheit ebenso wie kulturelle Toleranz praktiziert werden, was nicht zuletzt damit zusammenhängt, dass dort keinerlei sezessionistische oder oppositionelle Strömungen existieren.

Xishuangbanna – tropisches Paradies mit Schatten

Hauptstraßen, die von Palmen gesäumt werden; ganze Wohngebiete aus traditionellen Stelzenhäusern; Frauen in eng geschnittenen Blusen und reich verzierten blauen oder schwarzen Kostümen; junge Mönche in wehenden Gewändern auf Fahrrädern; Kinder, die stoische Wasserbüffel vor sich hertreiben – das gehört nicht zum weit verbreiteten Bild des Wirtschaftswunderlandes China.

Doch in Xishuangbanna ist vieles anders. Schon der Name ist Poesie. Er ist die sinisierte Form von Sipsongpanna, ein Begriff aus der Thai-Sprache, der «zwölftausend Reisfelder» bedeutet. In dem Gebiet von der Größe Rheinland-Pfalz' leben etwa eine Million Menschen. Die Dai und die Han stellen jeweils knapp ein Drittel; der Rest sind Angehörige von elf weiteren nationalen Minderheiten. Damit ist Xishuangbanna, das gerade 0,2 Prozent der Fläche der Volksrepublik ausmacht, die Heimat für fast ein Viertel aller Minderheiten.   →

Die Region besteht zu 95 Prozent aus Bergland, und der Name ist Programm. Der Reisanbau bestimmt das Leben, doch auf den Märkten zeugen Gemüse und Früchte aller Art von der Fruchtbarkeit.

Das tropische Klima ermöglicht mehrere Ernten im Jahr, und so leben die Menschen im Überfluss, sofern man sie sich selbst überlässt. Während der Kulturrevolution war das nicht der Fall, Maos Rote Garden brachten Elend und Zerstörung nach Xishuangbanna. Doch die Region erholte sich schneller als andere. Die Menschen unterhalten einen regen Grenzverkehr zu ihren Verwandten in Birma und Laos. Als Chinas Kaiser und Europas Kolonialherren ihre Ansprüche absteckten und Grenzen zogen, achteten sie nicht auf die dort lebenden ethnischen Gruppen. Aber eine gerechte Grenzziehung nach den Maßstäben europäischer Nationalstaaten wäre in diesem Teil von Südostasien ohnehin nicht möglich gewesen; die Wanderbewegungen der Einheimischen folgten nicht den Regeln bürokratischer Administraten.

So ist die Durchlässigkeit der Grenzen eine angemessene Reaktion auf die willkürliche Grenzziehung. Doch auch in anderen Bereichen gibt sich die Staatsführung liberal. An allen öffentlichen Gebäuden ist Zweisprachigkeit – Chinesisch und Thai – selbstverständlich. Sicherheitskräfte bestimmen nicht wie in anderen Grenzregionen das Bild, und die große Kinderzahl macht deutlich, dass die Ein-Kind-Politik hier nicht gilt.

Doch das Paradies hat Risse bekommen. Erschreckend ist der Kahlschlag der Wälder. Seit der Gründung der Volksrepublik ist die Waldfläche von über 60 Prozent auf weniger als ein Viertel zurückgegangen. Tiger und Bären streifen zwar immer noch durch die Fremdenverkehrsprospekte, doch in Wirklichkeit haben sie sich längst in die unerschlosseneren Gebiete jenseits der Grenzen zurückgezogen. Um mehr Gewinn aus den vorhandenen Möglichkeiten zu schöpfen, werden Monokulturen angelegt, vor allem Tee- und Gummiplantagen. Zudem sind große Tourismus-Projekte entstanden. Diese Initiativen befinden sich fest in chinesischer Hand.

Möglichkeiten zur Selbstorganisation, wie in vielen anderen Regionen Asiens selbstverständlich, haben die Völker Xishuangbannas nicht. Das sei gar nicht nötig, erklärt ein Mitarbeiter des Nationalitäten-Instituts in Kunming, der Hauptstadt der Provinz Yunnan. Die Kader der nationalen Minderheiten innerhalb der KP, die an den Instituten ausgebildet würden, verfugten über vielfaltige Moglichkeiten, die Interessen ihrer Volker durchzusetzen, so die offizielle Linie.

III. Die austrischen Völker

In der Nachbarschaft der tibeto-birmanischen sowie der Tai-Kadai-Völker leben die austrischen Völker. Sie zählen zur austroasiatischen Sprachfamilie. Ob sie mit den weit verbreiteten austronesischen Sprachen verwandt sind, ist umstritten und wird heute von Linguisten eher bestritten. Ihre offizielle Bezeichnung leitet sich vom Lateinischen australis (Süden) ab – so ihr Siedlungsraum aus chinesischer Sicht.

Die Volksrepublik China rechnet vier verschiedene Nationalitäten zu den «südlichen» Völkern, die dort etwa eine halbe Million Menschen stellen. Ihre Kultur und ihr Lebensstil sind von dem der Nachbarn kaum zu unterscheiden.

Wa

Am bekanntesten unter den austrischen Völkern sind die etwa 400 000 Wa, von denen eine größere Zahl in Birma lebt. Die Staatsgrenzen trennen ihr Gebiet willkürlich, denn die chinesischen Wa leben im Südwesten von Yunnan, unmittelbar an der Grenze zu Birma. Sie zählen zur Mon-Khmer-Gruppe der austroasiatischen Sprachfamilie.

Die Wa pflegen eine große kriegerische Tradition; bei ihren Kriegszügen ging es jedoch mehr um Prestige als um systematische, groß angelegte Eroberungszüge. Die Kopfjagd war weit verbreitet, durch sie konnte das größte Prestige errungen werden. Die erbeuteten Trophäen wurden auf Pfählen am Eingang des Dorfes zur Schau gestellt. Auch den europäischen Kolonialherren, die von Birma aus in ihr Gebiet eindrangen, leisteten die Wa vehement und sehr erfolgreich Widerstand. Den Engländern gelang es nicht, sie unter ihre Herrschaft zu zwingen.

Die Wa verfügen über keine eigene Schrift. Ein Alphabet wurde erst in den 1950er-Jahren entwickelt. Ihre mündliche Tradition ist dagegen umso bedeutender.

Traditionell folgen die Wa schamanistischen Naturreligionen, doch konnten vor allem im 19. und frühen 20. Jahrhundert christliche und buddhistische Missionare einige Bekehrungserfolge erzielen.

Wie die meisten anderen Völker in Chinas fruchtbarem subtropischen Südwesten leben auch die Wa in erster Linie von der Landwirtschaft, traditionell auf der Basis des Brandrodungsfeldbaus. Ihre Heimat ist jedoch auch reich an Mineralien wie Gold, Silber, Kohle und Kupfer, was die Begehrlichkeit der Zentralregierung weckt, doch lässt die Infrastruktur für eine effektive Ausbeutung in den Bergregionen noch zu wünschen übrig.

Bulang

Die Bulang (oder Blang) sind neben den Wa das einzige der austrischen Völker mit über 100 000 Angehörigen. Sie leben in der Nachbarschaft der Dai. Ebenso wie die Wa verfügen sie zwar über eine eigene Sprache, aber keine Schrift. Heute setzt sich aus praktischen Gründen der Gebrauch des Chinesischen immer mehr durch. Dabei ist ihre mündliche Tradition ausgesprochen reichhaltig. Die Bulang kennen nicht nur zahlreiche Erzählungen und Mythen aus der Frühzeit ihrer Geschichte, sondern auch Gedichte und Balladen.

Die Bulang leben in etwas zugänglicheren Regionen als die Wa, so dass ihre Kontakte zu den Han weit in die Zeit der Tang- und Song-Dynastie zurückreichen.

Ihre Wirtschaftsweise gleicht denen der Nachbarn, wobei die Bulang für ihre Heilkräuter bekannt sind. In den ausgedehnten Waldgebieten finden sich zahlreiche Heilpflanzen, die bereits seit Jahrhunderten genutzt werden. Auch der berühmte Pu'er-Tee, in Europa zeitweilig als Allheilmittel zum Abnehmen gepriesen, stammt von dort.

Unter dem Einfluss der benachbarten Dai fasste der Hinayana-Buddhismus frühzeitig bei den Bulang Fuß, doch hat er sich mit Elementen der traditionellen schamanistischen Religion vermischt. Die Götterwelt ist groß, Heiler und Priester führen eine friedliche Koexistenz.

Gaoshan

Eine Besonderheit unter den austrischen Völkern sind die Gaoshan, die in den Statistiken der Volksrepublik mit nur 4500 Angehörigen angegeben werden. Tatsächlich zählt die Volksgruppe – bzw. die Völker, die unter dem Begriff zusammengefasst werden – jedoch über 400 000 Menschen. Die große Mehrheit lebt auf Taiwan, vor allem im Osten der Insel, wo sie die Ureinwohner bilden. Es gibt Gemeinden in den Bergregionen ebenso wie im Tiefland, wo die Assimilierung und Sinisierung weiter fortgeschritten ist. Die Gaoshan stammen vermutlich aus dem südostasiatischen Raum und sind entfernt mit den malaiischen Völkern verwandt.

Einwanderungswellen von Han nach Taiwan haben sie seit dem 19. Jahrhundert immer weiter zurückgedrängt. Eine harte Zeit erlebten die Gaoshan, als die Japaner Taiwan 1895–1915 besetzt hielten. Jeder Widerstand wurde grausam unterdrückt; bei Vergeltungsmaßnahmen wurden ganze Dörfer ausgelöscht. Die letzte große Invasion gab es nach dem Sieg der Kommunisten im Bürgerkrieg, als die unterlegenen Guomin Tang mit etwa 1,5 Mio. Anhängern nach Taiwan flohen und dort die Republik China ausriefen. Bedingt durch diese politische Entwicklung stellen die Gaoshan heute weniger als zwei Prozent der Gesamtbevölkerung.

Auf dem Festland gibt es keine traditionellen Siedlungsgebiete der Gaoshan. Die statistisch erfassten Personen sind Emigranten, die in die großen Städte Beijing oder Shanghai gezogen sind, jedoch ihre Abstammung von den Ureinwohnern Taiwans nachweisen können. Für sie sind sogar einige Sitze in dem – machtlosen – Volkskongress reserviert.

Ethnisch, linguistisch und kulturell haben die Gaoshan mit den Han nichts gemeinsam. In ihrer Tradition spielen die Frauen eine wichtigere Rolle als in der chinesischen Gesellschaft. Sie sind verantwortlich für die Landwirtschaft, ihre Lebensgrundlage. Besonders einflussreich ist die Rolle der Frau bei den Ami, die von chinesischen Ethnologen als eine Untergruppe der Gaoshan betrachtet werden und zu den indigenen Völkern von Taiwan zählen.

IV. Die Miao-Yao-Völker

Eine weitere Obergruppe der Nationalitäten im Süden und Südwesten sind die Miao-Yao-Völker. Zu ihnen gehören die knapp 9 Mio. Miao, die etwa 2,7 Mio. Yao, die etwas weiter östlich siedeln, sowie die She, die sich von den Miao und Yao geografisch entfernt haben und heute im Südosten Chinas leben. Linguistische Gemeinsamkeiten lassen darauf schließen, dass es sich bei ihnen um entfernte Verwandte mit einer gemeinsamen Ur-Heimat – vermutlich im Westen Sibiriens – handelt.

Miao (Hmong, Meo)

Die Miao gehören zu den alten Völkern im chinesischen Staatsverband, allerdings ist ihre Herkunft nicht eindeutig geklärt. Ihre Vorfahren sind vermutlich im Laufe der Jahrtausende über die Mongolei nach China eingewandert, wo sie von den Chinesen immer weiter nach Süden abgedrängt wurden. Vor der chinesischen Expansion lebten die Miao südlich des Yangtse-Flusses. In den letzten Jahrhunderten setzten sie ihre lange Wanderung in die südostasiatischen Staaten fort.

Durch die immer neuen Migrationswellen besiedeln die Miao ein weit auseinanderliegendes Territorium, das den gesamten Südwesten Chinas sowie die südlichen Nachbarstaaten umfasst.

Wie viele Völker im Südwesten Chinas haben die Staatsgrenzen nichts mit dem Territorium der Miao zu tun. Sie siedeln über China hinaus auch in Vietnam, Laos, Birma, Thailand und in neuerer Zeit auch in den USA. Ihrer Größe entsprechend könnten sie einen eigenen Staat bilden, denn insgesamt zählen sie über 10 Mio. Angehörige.

Wo sie nur kleine Gemeinschaften bilden, haben sie ihre Sprache teilweise aufgegeben und die ihrer Nachbarn übernommen. Einen großen, zusammenhängenden Siedlungsraum gibt es nicht, doch hat die Regierung in der Provinz Guizhou, wo die Hälfte der Miao lebt, sowie in Hunan und Yunnan Autonome Bezirke eingerichtet.

Auch auf der Insel Hainan leben Angehörige der Miao. Es handelt sich dabei um Nachkommen von Söldnern der Qing-Dynastie, die auf Hainan angesiedelt wurden, um die aufständischen Li zu bekämpfen.

Doch die Miao waren nicht nur Vasallentruppen des Kaisers. Wie die Zhuang, ihre südlichen Nachbarn, kämpften sie während der Taiping-Rebellion Mitte des 19. Jahrhunderts auf Seiten der Aufständischen. Die Kämpfe gegen die Qing-Kaiser dauerten sogar nach der Niederschlagung der Rebellion noch an. Es war ein Kleinkrieg, der von beiden Seiten mit großer Grausamkeit geführt wurde und auf Zivilisten keine Rücksicht nahm. Ganze Dörfer der Miao wurden ausgelöscht. Erst 1881 hatte die Qing-Armee die Verbände der Miao besiegt.

Die Miao verfügen über ein sehr ausgeprägtes soziales Gefüge. Noch stärker als in anderen asiatischen Gesellschaften versteht sich der Einzelne als Teil der Gemeinschaft. Individualität ist nicht erstrebenswert, sondern regelrecht verpönt. Die Menschen definieren sich über ihre Familie und ihren Clan, der durch eine strenge patriarchalhierarchische Ordnung geprägt ist. Die Autorität und die Verantwortung einer Person wachsen mit den Jahren. Das beginnt in der Kindheit und setzt sich bis ins hohe Alter fort. Das älteste Kind übernimmt die Verantwortung für die jüngeren Geschwister; den Familien- oder Stammesältesten obliegen alle wichtigen Entscheidungen.

Bei der Eheschließung sind es traditionell die Frauen, die ihren Clan verlassen und in einen neuen einheiraten. Polygamie war verbreitet; vom Mann wurde nur erwartet, dass er seine Frauen ernähren konnte.

Ursprünglich lebten die Miao vom Brandrodungsfeldbau und der Jagd. Das ist heute nur noch in abgelegenen Waldgebieten möglich. Im Laufe der Jahrhunderte haben sich durch die große räumliche Zerstreuung die Wirtschaftsformen ausdifferenziert. Von Viehzucht, vor allem Schafzucht, bis zur Produktion von Baumwolle reicht das Spektrum der Miao.

Der grundlegende soziale Wandel, der weite Teile Asiens erfasst hat, hat auch vor den Miao nicht haltgemacht. Heute leben Miao-Gemeinschaften in Großstädten wie Chongqing, wo die starren Sozialstrukturen allmählich aufweichen. Neben neuen Freiheiten bringt das auch neue Probleme mit sich. Die traditionellen Strukturen, in denen jeder seinen Platz hatte, boten ein hohes Maß an Sicherheit, denn die Gemeinschaft sorgte für jeden einzelnen.

Auch die Glaubensvorstellungen der Miao unterliegen dem Wandel. Ihre ursprüngliche Naturreligion eignete sich im Laufe der Jahrhunderte Elemente des chinesischen Daoismus und Konfuzianismus an, wobei insbesondere die hohe Wertschätzung der Alten den Vorstellungen der Miao entgegenkam. Durch die neuzeitliche Migration kamen die Miao auch mit dem Buddhismus und dem Christentum in Berührung, die beide einige Bekehrungserfolge erzielen konnten.

In Laos, wo sie Hmong genannt werden, sowie in Vietnam, wo sie Meo heißen, wurden sie während des Indochinakrieges zunächst von Frankreich und später von den USA rekrutiert, um gegen die kommunistischen Verbände zu kämpfen. Wirtschaftliche Verlockungen, aber auch alte ethnische Rivalitäten machten die Hmong zu verlässlichen Verbündeten der Westmächte, die gezielt bei verlustreichen Operationen eingesetzt wurden. Nach der Niederlage und dem Rückzug der USA rächten sich die neuen Herren an den Hmong, die sich in immer abgelegenere Urwaldgebiete zurückzogen. In Laos kommt es bis heute zu Militäreinsätzen gegen die Hmong, die in Kambodscha Schutz suchen.

Yao

Die mit den Miao linguistisch verwandten 2,7 Mio. Yao sprechen vier verschiedene Sprachen. Sie leben zurückgezogener und sind von dem allgemeinen gesellschaftlichen Wandel bislang noch weniger betroffen als andere Minderheiten. Auch sie wanderten in Jahrtausenden von Nordwesten kommend in ihr heutiges Siedlungsgebiet ein, das neben der chinesischen Provinz Yunnan vor allem Vietnam sowie Laos, Thailand und Birma umfasst. Chinesische Chronisten haben sie bereits im 5. vorchristlichen Jahrhundert erfasst.

Während ihrer langen Migration gerieten sie in Kontakt mit dem Daoismus, der für sie über Jahrhunderte prägend war. Seit sie im südostasiatischen Raum siedeln, sind viele Yao zum Buddhismus konvertiert; in den letzten 200 Jahren auch zum Christentum. Im Alltag sind die Traditionen häufig nicht streng voneinander getrennt. Vor allem daoistische und buddhistische Praktiken harmonieren friedlich miteinander.

Die Yao leben überwiegend in Bergregionen und betreiben Landwirtschaft auf der Basis des Brandrodungsfeldbaus sowie die Zucht von Kleinvieh. Die Märkte der größeren Städte ermöglichen ihnen, auch an der Geldwirtschaft teilzuhaben.

V. Die vietnamesischen Völker

Jing (Gin)

Die Heimat der Jing liegt in Vietnam. Seit dem 16. Jahrhundert zogen sie nach Norden und besiedelten die damals unbewohnten kleinen Inseln Wanwei, Wutou und Shanxin vor der chinesischen Südküste. Einige ließen sich auch in der heutigen Provinz Guangxi Zhuang nieder. Ihre wirtschaftliche Basis bildet der Fischfang, dabei unterscheiden sie 700 verschiedene Arten von Fischen. Weiter im Landesinneren ergänzt der Anbau von Reis, Gemüse und Früchten den Speiseplan, während Landwirtschaft unmittelbar an der Küste nicht möglich ist. Zudem gewinnen die Jing Salz aus der Beibu-Bucht.

Von der Tradition ist allerdings nicht mehr viel übrig. Dem ohnehin nur etwa 22 000 Menschen zählenden Volk droht die völlige Sinisierung. Ein Meilenstein dazu war die Errichtung von Dämmen in den 1960er-Jahren. Dadurch wurden die drei Inseln mit dem Festland verbunden. Was die Behörden als großen Fortschritt für die Jing preisen, hat jedoch einen gegenteiligen Effekt. Ihr Lebensraum ist noch leichter zugänglich, und der Tourismus entwickelt sich kontinuierlich.

In einer von Han dominierten Umgebung ist die eigene Sprache ohnehin schon weitgehend vergessen. Die meisten Jing sprechen die kantonesische Variante des Chinesischen. Auch im religiösen Bereich haben sich die Jing den dominanten Nachbarn angepasst. Die meisten praktizieren den Daoismus oder Buddhismus. Daneben ist auch der Katholizismus verbreitet.

Der Nordwesten

Chinas Nordwesten ist die Brücke zur islamischen Welt Zentralasiens. Die dort lebenden Völker werden durch willkürliche Grenzen getrennt, die in ihrem Bewusstsein nicht verankert sind und nicht akzeptiert werden. So verfolgt die chinesische Führung seit dem Zerfall der Sowjetunion jedes Streben nach mehr Eigenständigkeit mit noch größerem Misstrauen als zuvor. Drei der neuen Staaten in Zentralasien – Kasachstan, Kirgisistan, Tadschikistan – grenzen direkt an China. Und von all diesen Völkern leben nennenswerte Gruppen in der Volksrepublik.

VI. Die Turkvölker

Im Nordwesten des chinesischen Staatsgebietes leben Turkvölker, zu denen sieben Nationalitäten gezählt werden. Turkvölker stellen weltweit etwa 140 Mio. Menschen, das größte unter ihnen sind mit 70 Mio. Angehörigen die Türken. Sie waren bis vor wenigen Jahrzehnten auch das einzige Turkvolk, das einen Nationalstaat bildete. Seit dem Zerfall der Sowjetunion 1991 bilden auch die turkstämmigen Kasachen, Kirgisen, Turkmenen und Usbeken in Zentralasien eigene Staaten. Diese Gebiete werden auch als Westturkestan bezeichnet. Dazu kommen weiter im Westen die Aserbaidschaner.

Die Turkvölker und die Chinesen verbindet eine lange gemeinsame Geschichte, die von Kriegen und Eroberungszügen ebenso geprägt ist wie von Zeiten eines friedlichen Miteinanders. Schon die Bezeichnung stammt aus dem Chinesischen. Sie leitet sich ab von «Tu-küe» oder «Tür-Küt», was «die Mächtigen» bedeutet. Gemeint waren die Göktürken, deren Reich sich von der Großen Mauer bis zum Kaspischen Meer erstreckte. Die Herrschaft der Göktürken wurde Mitte des 8. Jahrhunderts von den Uiguren abgelöst, die seitdem im chinesischen Kulturraum beheimatet sind.

Die Ursprünge der Turkvölker verlieren sich im Dunkel der Geschichte. Vermutlich stammen sie aus der Altairegion in Zentralasien, dort, wo die Flüsse Selenga und Orchon zusammenfließen. Das ist die Region südlich des Baikal-Sees im mongolisch-russischen Grenzgebiet. Andere Wissenschaftler sehen ihren Ursprung im Norden des heutigen China. Dort sollen sie im dritten nachchristlichen Jahrhundert aufgetaucht sein. Bisweilen gelten auch die Hunnen (chin. Hsiong-nu, die «östlichen Hunnen») als die Ahnen der Turkvölker, doch ist diese These nicht gesichert. Ebenso wird spekuliert, ob Turkvölker und Mongolen über einen gemeinsamen Ursprung verfügen.

Das Verbindende der Turkvölker ist die Sprache, während sich im Laufe der Siedlungsgeschichte kulturelle und religiöse Unterschiede herausgebildet haben. Die Turksprachen gehören zu den altaischen Sprachen. Die ethno-linguistischen Gemeinsamkeiten sind so groß, dass die Sprache der Türken von vielen Turkvölkern in Zentralasien oder Sibirien verstanden werden kann.

Die meisten Turkvölker gehören dem sunnitischen Islam an, doch gibt es auch kleinere Gruppen von Christen und Buddhisten, und in Sibirien werden sogar noch schamanistische Traditionen gepflegt. Bis vor wenigen Jahrhunderten waren die Turkvölker in Clans organisiert, und die Clanführer standen Pate bei der Namensgebung. Der berühmteste ist zweifellos Osman, der Gründer des Osmanischen Reiches, der mächtigsten politischen Dynastie der Turkvölker. Viele Jahrhunderte lebten die meisten Turkvölker als Nomaden. Von ihrer zentralasiatischen Urheimat dehnten sie sich nach Westen und Osten aus, wobei die Züge nach Westen weitaus erfolgreicher und kulturstiftender waren.

Die Türken traten im 6. Jahrhundert ins Blickfeld der europäischen Chronisten. Die Geschichte ihrer Wanderungen und Eroberungen ist seit der Zeit gut dokumentiert.

Eine politische Bewegung der Turkvölker entstand im 19. Jahrhundert unter dem Einfluss der europäischen Nationalstaatenbildung. Der «Panturkismus» betonte die Gemeinsamkeiten aller Turkvölker und versuchte dies in politische und territoriale Forderungen umzusetzen. Eine solche Bewegung übt bis heute Einfluss und Faszination aus.

Uiguren

Im heutigen China stellen die Uiguren das mit Abstand größte Turk-volk, auch wenn von seiner einstigen Größe nicht mehr viel übrig ge-blieben ist. Für die Ableitung des Namens gibt es zwei Theorien: Die eine leitet ihn von «Uy-Ogur» ab. «Uy» bedeutet im Alttürkischen «gehorsam», Ogur war vermutlich ein frühes Clanoberhaupt. Inso-fern wären die Uiguren die Nachkommen des «gehorsamen Ogur», der seinen Clan in der Frühgeschichte vermutlich in den Dienst eines mächtigen Kriegsherrn gestellt hat. Die Bezeichnung könnte aber auch von «uygar» stammen, das alttürkische Wort für Handel, und darauf hinweisen, dass die Uiguren das erste turkstämmige Volk waren, das Städte errichtet und Handel betrieben hat. Zu den Vorfah-ren der Uiguren gehören jedoch auch mongolische und tungusische Völker wie die Huihe, die in chinesischen Schriften erwähnt werden.

Die Tarim-Mumien

Wenn es um ideologische Glaubenssätze und Interessen geht, können selbst so harmlose Gegenstände wie jahrtausendealte Mumien zum Poli-tikum und Zankapfel werden. 1988 präsentierte China einen der weltweit bedeutendsten archäologischen Funde des 20. Jahrhunderts: Im Tarim-Becken, einer Wüstenregion im Süden der Autonomen Region Xinjiang, waren über 200 mumifizierte Leichen gefunden worden, die sich aufgrund des trockenen Wüstenklimas in einem hervorragenden Zustand befanden. Einige von ihnen, wie die «Loulan-Schönheit», sind im Nationalmuseum von Urumqi zu bewundern.

Zunächst war es auch internationalen Forschern erlaubt, die Mumien zu untersuchen, doch seit erste Ergebnisse vermeldet werden konnten, geben sich die chinesischen Behörden äußerst restriktiv im Umgang mit den ar-chäologischen Kostbarkeiten. Die Mumien sind bis zu 3800 Jahre alt – und sie weisen eindeutig eurasische oder kaukasische Merkmale auf. Das heißt, es sind mumifizierte Menschen, die vom Westen, vermutlich aus dem Iran oder dem Schwarzmeerraum, nach Zentralasien eingewandert sind und sich entlang der Seidenstraße niedergelassen haben. Zivilisatorische Spu-ren aus dem chinesischen Tiefland lassen sich erst tausende Jahre später nachweisen. Damit kann China die offizielle Version, wonach Xinjiang   →

schon immer Teil des chinesischen Kulturraumes war, nicht ernsthaft aufrechterhalten, während uigurische Nationalisten in den Tarim-Mumien
frühe Vertreter ihrer Eigenständigkeit sehen.

Chinas Ansprüche auf das Territorium reichen weit zurück. Im zweiten vorchristlichen Jahrhundert zur Zeit der Han-Dynastie führte
General Zhang Qian einen Eroberungsfeldzug gen Osten, der ihn bis
nach Ostturkestan brachte. Sein Aufenthalt dort dient der Führung
in Beijing als Beweis der historischen Zusammengehörigkeit der beiden Völker.

Frühes Großreich   Der Aufstieg der Uiguren begann 605 nach unserer Zeitrechnung, als sie sich von den Göktürken befreiten und zu
deren wichtigsten Kontrahenten wurden. Aus einem fast eineinhalb
Jahrhunderte dauernden Kleinkrieg zwischen den beiden Turkvölkern gingen schließlich die Uiguren als Sieger hervor. Bis Mitte des
9. Jahrhunderts bildeten sie ein Großreich im chinesisch-mongo-
lischen Raum. Sie herrschten dort über neun weitere Turkvölker, was
ihre Wahrnehmung durch die Chinesen nachhaltig prägte. Von dem
großen Nachbarn im Westen wurden sie auch als «Jiuxing» (neun
Stämme) bezeichnet. Eine direkte ethnische Verbindung des damaligen Reiches zu den heutigen Uiguren ist allerdings umstritten.
    Auf dem Höhepunkt seiner Macht 779 wurde das Herrschafts-
gebiet in einen Ost- und einen Westteil aufgeteilt. Mit 100 000 Einwohnern war Char Balgas, die Hauptstadt des Ostreiches, ein bedeutendes politisches, wirtschaftliches und kulturelles Zentrum. Die
Beziehungen zu den chinesischen Kaisern der Tang-Dynastie waren
von Freundschaft und Respekt geprägt. Die Uiguren stellten dem
Herrscher auf dem Drachenthron zahlreiche Söldnertruppen zur
Verfügung. «Jüngerer Bruder» und «Schwiegersohn» lauteten die
Titel, die den Herrschern des uigurischen Reiches von den Chinesen
verliehen wurden.
    Die Uiguren übernahmen die Religionen der herrschenden Reiche.
Der Buddhismus, das syrisch-orthodoxe Christentum sowie der per-
sische Manichäismus existierten friedlich nebeneinander, der Handel
nach Westen und Osten prosperierte. Daneben gab es auch Schatten-

seiten. Im Süden lieferten sich die Uiguren Kämpfe mit dem aufstrebenden tibetischen Königreich, die von wechselndem Kriegsglück geprägt waren. Keines der beiden Heere konnte entscheidende Vorteile verbuchen. Zudem fielen einzelne uigurische Clans immer wieder plündernd in China ein, was das Verhältnis zum Drachenthron erheblich belastete, auch wenn diese Truppen nicht vom uigurischen Herrscher kontrolliert wurden.

Innenpolitische Auseinandersetzungen schwächten das Reich weiter, bis schließlich Überfälle der Kirgisen sein Ende einläuteten. Zwischen 839 und 846 unterwarfen die Kirgisen nach und nach das einst mächtige uigurische Reich, zerstörten die Hauptstadt Char Balgas und vertrieben seine Bewohner. Die Geschlagenen ließen sich in Gansu sowie im heutigen Xinjiang nieder, das sie selbst Ostturkestan nennen. An ihre alte Größe konnten die Uiguren nie wieder anknüpfen. Das Gebiet in Gansu wurde im 11. Jahrhundert von den tibetischen Tanguten eingenommen, die sich an ihrem Sieg jedoch nicht lange erfreuen konnten, denn sie mussten schon ein Jahrhundert später den Mongolen weichen. Mongolen waren es auch, die seit dem frühen 13. Jahrhundert Ostturkestan unter ihren Einfluss brachten. Seitdem sind die Uiguren vollständig von fremden Herrschern abhängig.

Als die mongolische Yuan-Dynastie die Ausbreitung des Islam in China massiv förderte (siehe Hui), endete auch die bemerkenswerte religiöse Vielfalt der Uiguren. Sie wurden immer mehr zu einem Teil der islamischen Welt. Heute gehören sie nahezu vollständig dem sunnitischen Islam an. Nach der Islamisierung entwickelte sich die Schrift, die sich an das Arabische anlehnt.

Die «Duftkonkubine»

Eine kaiserliche Konkubine, Mamrisim Iparhan (chin. Xiang Fei), genießt bis heute unter den Uiguren hohes Ansehen. Ihr Leben wird in Legenden verklärt, bei denen Wahrheit und Dichtung nicht zu unterscheiden sind. Sie war die Enkelin von Appaq Khoja, einem der bedeutendsten geistlichen und weltlicphen Oberhäupter der Uiguren im 17. Jahrhundert. Ihrem Vater jedoch war das Kriegsglück weniger hold, er wurde von chinesischen Truppen besiegt, und Mamrisim Iparhan, die in zeitgenössischen Quellen als →

betörend schön beschrieben wird, 1760 als Konkubine an den Hof des Kaisers Qianlong verschleppt. Dort ging sie als Rong Fei in die Annalen ein. Mamrisim Iparhan war ebenso stolz wie schön und verweigerte sich dem Kaiser. Der war ihr so verfallen, dass er keine Gewalt gegen sie anwandte, sondern sich in Liebe nach ihr verzehrte und ihr jeden Wunsch erfüllte. So baute er ihr unter anderem eine Moschee. Schließlich erhörte sie ihn, doch ihr Glück war von kurzer Dauer. Der Hof missbilligte die Verbindung, und als der Herrscher auf Reisen war, zwang die Kaisermutter die Uigurin zum Selbstmord. Ihr Körper wurde nach Kashgar zurückgebracht, wo sich heute ein Mausoleum von ihr befindet. Es ist zu einer Pilgerstätte für Frauen geworden, die sich Kinder wünschen.

Chinesischer Einfluss

Mit dem Niedergang der Mongolen, der im 14. Jahrhundert einsetzte, dehnten die Chinesen ihr Einflussgebiet allmählich nach Osten aus. Doch erst seit der mandschurischen Qing-Dynastie Mitte des 18. Jahrhunderts herrschen sie über den nordöstlichen Teil des heutigen Staatsgebietes. Sie gaben der Eroberung den Namen Xinjiang, was «neue Grenze» oder auch «neues Territorium» bedeutet. Die Uiguren selbst haben ungeachtet der verschiedenen Herrscher ihre eigene Identität nie aufgegeben.

Die chinesische Herrschaft haben die Uiguren jedoch nie wirklich akzeptiert. In den 1860er- und 1870er-Jahren kam es zu mehreren Aufständen gegen die Qing-Dynastie, organisiert von dem usbekischen Heeresführer und Abenteurer Muhammad Yaqub Bek. Erst 1877, nach 13 Jahren, konnten die Rebellen geschlagen werden, ihr Anführer wurde hingerichtet.

Das frühe Ende des Adolph Schlagintweit

Die drei Brüder Hermann, Robert und Adolph Schlagintweit aus München zählen zu den bedeutendsten Naturwissenschaftlern des 19. Jahrhunderts. Dabei machten sie sich vor allem um die Erforschung und kartografische Erfassung Zentral- und Südasiens verdient. Während Hermann und Robert Schlagintweit im Laufe ihres Lebens zu hohen akademischen Ehren →

kamen und sogar in den Adelsstand erhoben wurden, endete das Leben von Adolph früh und tragisch. Zwischen 1854 und 1857 arbeiteten die drei im Auftrag der britischen Ostindischen Kompanie in Indien. Ihr Schwerpunkt war die Geologie und Meteorologie des Himalaya; dabei waren sie zum Teil gemeinsam, aber auch einzeln unterwegs.

Im April 1857 begaben sie sich wieder auf die Rückreise nach Deutschland. Hermann und Robert wählten den Seeweg. Adolph wollte über Land durch Zentralasien heimkehren – eine fatale Einscheidung, denn er wurde Opfer der anti-chinesischen Stimmung in Ostturkestan. Bei Kashgar wurde er von Truppen des Hodscha Wali Khan, eines Lokalfürsten, gefangen genommen. Man hielt ihn für einen chinesischen Spion und machte kurzen Prozess. Am 26. August wurde er enthauptet, gerade 28 Jahre alt. Seine Grab wurde nie gefunden, sein wissenschaftliches Werk konnte jedoch gerettet werden.

Mitte des 20. Jahrhunderts nutzten die Uiguren zweimal die Schwäche des chinesischen Reiches, um wieder an die alte Tradition der Selbstständigkeit anzuknüpfen. 1933/34 und 1944–1949, als sich China unter japanischer Besetzung sowie im Bürgerkrieg zwischen Kommunisten und Nationalisten befand, riefen sie in Yining (früher Gulja) die «Republik Ostturkestan» aus. Yining liegt im fruchtbaren Tal des Ili-Flusses nah an der Grenze zur damaligen Sowjetunion. Die Republik umfasste nur einen kleinen Teil von Xinjiang und wurde von der Sowjetunion massiv protegiert. Die hatte bereits in der Äußeren Mongolei ein von ihr abhängiges Regime etabliert und damit ihren Einfluss in Zentralasien erheblich ausgeweitet, ohne damit gegen völkerrechtliche Grundsätze wie das Annexionsverbot zu verstoßen.

Ähnliches hatte Stalin auch mit einem formal unabhängigen Ostturkestan im Sinn, während der Rest der Welt von der Entwicklung in Zentralasien keine Notiz nahm. Die Uiguren wollten jedoch nicht die eine Abhängigkeit durch eine andere ersetzen, und so gelang der Guomin-Tang-Regierung durch erhebliche Zugeständnisse eine friedliche Auflösung der Republik Ostturkestan.

Nach dem Sieg der Volksbefreiungsarmee im Bürgerkrieg hatte die Sowjetunion ohnehin kein Interesse mehr an einer Schwächung

Alter Uigure in Kashgar. Die Alten genießen ein hohes Ansehen und sind die Träger der Tradition.
Foto: Roland Prior

Chinas. Ähnlich wie in Tibet schickte Mao seine Truppen zur «friedlichen Befreiung» in die entlegene Provinz. Zu der Zeit lebten in Ostturkestan etwa fünf Prozent Chinesen. Als Zeichen der Freundschaft mit der Sowjetunion wurden zudem Konsulate in Urumqi, Kashgar und Yining eröffnet.

Repression

Den Uiguren kam die neue Führung in Beijing zunächst entgegen. Am 17. Dezember 1949 ernannte sie den Literaten und Absolventen der Universität Berlin, Burhan Sahidi, zum Gouverneur. 1955 erhielt das Gebiet den Status einer Uigurischen Autonomen Region Xinjiang, das Territorium ist mit gut 1,6 Mio. km² die größte aller Provinzen. Sie umfasst etwa ein Sechstel des chinesischen Staatsgebietes. Im Süden ist das Gebiet gebirgig und schwer zugänglich. Der höchste Gipfel des Tianshan-Gebirges, der jenseits der Grenze in Kirgisistan liegende Dschengisch Tschokusu, ist 7439 Meter hoch. In den abgelegenen Berggebieten konnte die uigurische Kultur der Assimilierungspolitik besser widerstehen. Der Norden ist dichter besiedelt und besser erschlossen.

Die Autonomie stand jedoch bereits Mitte der 1950er-Jahre mehr auf dem Papier, als dass sie den praktischen Alltag bestimmt hätte. Mit Unterstützung der Sowjetunion trieb Peking die Ausbeutung der Bodenschätze voran und drängte gleichzeitig die traditionelle Landwirtschaft zurück. Der «Große Sprung nach vorn» verschärfte diese Entwicklung.

1960 kam es zum Bruch zwischen China und der Sowjetunion, mit weit reichenden Folgen für die Uiguren. Die Grenze wurde geschlossen, Familien und Clans, die auf beiden Seiten siedelten, waren plötzlich voneinander getrennt.

Als Reaktion auf die Unterdrückung flohen im Frühjahr 1962 67 000 Uiguren und Kasachen mit ihren gesamten Viehbeständen über die sowjetische Grenze ins heutige Kasachstan. Die Volksrepublik, die zwei Jahre zuvor mit der Sowjetunion gebrochen hatte, weil sie die Entstalinisierung ablehnte, richtete schwere Vorwürfe an die Adresse Moskaus. Sowjetische Grenzsoldaten hätten den Exodus provoziert und unterstützt. Alle Konsulate in Xinjiang wurden geschlossen.

Während der Kulturrevolution wurde die Religionsausübung streng verboten und die Wirtschaft vollständig kollektiviert. Das Verbot der traditionellen Lebens- und Erwerbsformen, die vor allem auf Handel, Handwerk und Viehzucht basierten, führte zu großen Hungersnöten. Missliebige Familien, zum Beispiel solche, in denen Angehörige gegen die Kommunisten gekämpft hatten, wurden in abgelegene Wüstenregionen verbannt und sich selbst überlassen. Wer keine Unterstützung durch Einheimische fand, hatte es schwer, dort zu überleben. An Ausbildung war nicht zu denken. Gezielt richtete sich der Terror gegen die gebildeten Uiguren.

Nach dem Tode Maos und der Entmachtung seiner radikalen Nachfolger setzte eine wirtschaftliche und kulturelle Liberalisierung ein, die allerdings die Zugehörigkeit der Provinz zu China nicht infrage stellte. Die Moscheen öffneten ihre Tore, die uigurische Sprache wurde wieder an den Grundschulen unterrichtet, und die Menschen durften ihrer traditionellen Wirtschaftsweise nachgehen.

Dennoch sind der Selbstbestimmung bis heute enge Grenzen gesetzt. Das zeigt sich vor allem im religiösen Bereich. Wer am Koranunterricht teilnehmen will, benötigt eine Erlaubnis der Behörden – falls er überhaupt stattfindet, was von der politischen Großwetterlage abhängt. Nach den Massenprotesten vom März 2008 in Tibet wurden auch in Xinjiang die Koranschulen geschlossen.

Am härtesten trifft die Menschen, dass die Fahrt nach Mekka Einschränkungen unterworfen ist. Diese für einen Moslem grundlegende Pflicht darf nicht mehr privat ausgeübt werden. Reisen nach Mekka sind nur in Reisegruppen möglich, die von Mitarbeitern des Religionsministeriums organisiert und begleitet werden. Und solche Reisen sind teuer. Offiziell dient diese Einschränkung dazu, den Drogenhandel zu bekämpfen, doch es geht auch darum, die Auslandskontakte der Uiguren zu überwachen.

Die nachhaltigste und folgenschwerste Veränderung geschieht durch die Sinisierung. Die Uiguren stellen etwa 9–10 Mio. Menschen, die in Xinjiang lebenden Chinesen dürften inzwischen die 10-Mio.-Marke überschritten haben. Selbst die offiziellen Statistiken, die gewöhnlich geschönt sind, sprechen von 40 Prozent Chinesen in Xinjiang.

Zwar haben die Familien im Grundschulalter die Wahl zwischen chinesischen und Minderheitenschulen, doch wer sich gegen die chinesische entscheidet, hat keine Perspektive auf eine gute Ausbildung, die eine berufliche Perspektive eröffnet. So wählen zahlreiche Uiguren auch ohne direkten Zwang die Assimilierung über die Erziehung.

Parallel zur Ansiedlung von Chinesen werden junge uigurische Frauen in den Osten Chinas geschickt. Dies geschieht durch eine Mischung aus Zwang und Anreizen. Die Betroffenen erhalten Arbeitsverträge für große Firmen in den Industriezentren, doch was wie eine Chance zur Entwicklung aussieht, ist reines Kalkül: Je weniger heiratsfähige Frauen es unter den Uiguren gibt, desto langsamer wächst ihre Bevölkerung. Die jungen Frauen und deren Familien haben keine Chance, sich zu wehren. Wollen sie ihre Arbeitsstelle kündigen, werden sie massiv eingeschüchtert; Proteste ihrer Eltern werden ignoriert oder niedergeschlagen. Die Uiguren selbst sprechen deshalb von den «gestohlenen Mädchen». Jahr für Jahr erleiden einige tausend junge Frauen dieses Schicksal.

Die großen Städte wie Urumqi oder Kuqa sind überwiegend in chinesischer Hand; Urumqi, das Zentrum der Verwaltung, unterscheidet sich immer weniger von einer beliebigen chinesischen Millionenstadt.

Urumqi – die alte Handelsmetropole

Die einfachste Art, nach Urumqi zu kommen, ist das Flugzeug. Wer die Bahn wählt, hat einiges vor sich; zumindest wenn die Reise in Beijing beginnt. Drei Tage und drei Nächte dauert sie, und bei der Ankunft fragt man sich womöglich, warum man die Reise überhaupt angetreten hat. Moderne Hochhäuser säumen elegante Einkaufsstraßen. Selbst viele Firmenlogos und Reklametafeln sind aus den Metropolen des Ostens vertraut. Wer erschöpft ist vom Shoppen, findet überall ein Café, um sich zu entspannen; die Bedienung ist – wie in den Läden – überwiegend chinesisch.

Es ist kaum 100 Jahre her, dass Sven Hedin, der schwedische Asienforscher mit seinem Faible für autoritäre Führer, Urumqi besucht hat, und neben ihm zahlreiche andere bedeutende Forscher. Ihre Aufzeichnungen scheinen aus einer völlig anderen Welt zu sein. Oder doch nicht ganz.

Hinter den glitzernden Fassaden im Zentrum gibt es auch das andere Urumqi. Man findet es im traditionellen Basar, wo die Uhren – noch – anders gehen. Statt der grellen chinesischen Reklametafeln sorgen Schilder in uigurischer Schrift für Orientierung in der Gegend, die an vorderasiatische Metropolen erinnert. Aus zahlreichen Lautsprechern ertönt traditionelle Musik. Die Frauen tragen überwiegend Kopftuch, manche auch den Schleier. Deren Zahl hat in den letzten Jahren deutlich zugenommen. Auch die Männer heben sich von den Chinesen einige Straßenzüge weiter ab. Fast alle tragen die «Mekka-Kappe», mit der sie zeigen, dass sie bereits die Wallfahrt nach Mekka unternommen haben. Überhaupt ist die Religiosität der Menschen unübersehbar. Zahlreiche Moscheen säumen den Basar, und das Gebet nimmt großen Raum im Leben der Menschen ein. Mancher Händler schließt fünfmal am Tag kurz seinen Laden, um sich gen Mekka zu wenden. Neben den Uiguren finden sich auch Kasachen und Angehörige anderer zentralasiatischer Turkvölker hier ein. Nur die Chinesen meiden den alten Basar, und viele hegen unverblümt Vorurteile gegen die Uiguren. Manche fühlen sich sogar genötigt, den Besucher vor einem Besuch des Viertels zu warnen. Sie sind hergekommen, um Geld zu verdienen, die einheimische Kultur interessiert sie nicht. So nimmt es nicht Wunder, dass es so gut wie keine Ehen zwischen Chinesen und Uiguren gibt. Das beruht →

allerdings auf gegenseitigen, kulturell bedingten Vorbehalten. Schon die Vorliebe vieler Han für Schweinefleisch stellt für uigurische Frauen ein großes Problem dar.

Es gibt auch wirtschaftliche und militärstrategische Gründe, warum die Volksrepublik unerbittlich an ihrem Anspruch auf Xinjiang festhält. In der Provinz befinden sich die größten Erdöl- und Erdgasvorräte des Landes; dazu kommen bedeutende Vorräte an Mineralien. Vermutlich deckt die Volksrepublik etwa ein Drittel ihres gesamten Energiebedarfs aus der unfreiwilligen Provinz.

Darüber hinaus hat die chinesische Regierung 1960 im Osten von Xinjiang das Atomwaffentestgelände Lop Nor errichtet. Es liegt im Norden der Wüste gleichen Namens und gilt mit 100 000 km² als weltweit größtes Testgelände seiner Art. Bis 1996 wurden dort ober- und unterirdisch 45 Tests für Atom- und Wasserstoffbomben durchgeführt.

Verschiedene Strategien

Die Uiguren wehren sich gegen die Entwicklung mit friedlichen, aber auch mit militanten Mitteln. Es gibt drei Ebenen im uigurischen Freiheitskampf:

1. Gemäßigte Vertreter im Land organisieren Protestdemonstrationen und Unterricht auf Uigurisch, sie politisieren ihre Landsleute und knüpfen Kontakte in alle Welt. Der Staat reagiert darauf mit großer Brutalität. Wer bei Demonstrationen verhaftet wird, landet im Gefängnis und wird gefoltert, bis er gesteht, was immer die Ermittler hören wollen.

2. Die Militanten greifen Polizeistationen an, verüben Bombenattentate und begehen Selbstmordanschläge, mit denen sie viele Menschen in den Tod reißen. Die Polizei reagiert darauf mit den gleichen Methoden; sie unterscheidet nicht zwischen militanten und gemäßigten Uiguren. Verhaftete Attentäter werden häufig zum Tode verurteilt.

Eine Schlüsselrolle bei den Anschlägen spielt die *East Turkestan Islamic Movement*. (ETIM). Sie bekennt sich zu den meisten Anschlägen in Ostturkestan. Ihre Identität ist jedoch höchst umstritten.

Die chinesischen Behörden sehen in ihr einen Ableger von Al Qaida, und auch die UNO sowie die USA zählen die ETIM zu den terroristischen Organisationen. Viele gemäßigte Uiguren vermuten hingegen, dass der chinesische Geheimdienst dahinter stecken könnte. Ermöglicht es die ETIM doch, die Unterdrückung der Uiguren als «Kampf gegen den Terrorismus» zu deklarieren.

3. Die Uiguren, die vom Ausland aus für ihre Rechte eintreten. Obwohl es in den anderen Turkstaaten eine gewisse Solidarität mit den Uiguren gibt, hat die Bewegung nicht in der Türkei oder einem der anderen Bruderstaaten ihr Hauptquartier, sondern in den USA. Dort residiert mit der *Uyghur American Association* (UAA) die einflussreichste uigurische Exilbewegung. Es gibt wenige Bewegungen in der islamischen Welt, die ein so positives Bild von den USA haben wie die Uiguren. In München hat der uigurische Weltkongress seinen Sitz, der eng mit der UAA verbunden ist.

Die gemäßigten Uiguren im In- und Ausland fordern keinen eigenen Staat, sondern substantielle Autonomie sowie einen Stopp der Sinisierung.

Die Proteste haben seit 1997 an Schärfe zugenommen. Damals kam es in der Stadt Ily (Gulja) zu Massendemonstrationen, die mit äußerster Brutalität niedergeschlagen wurden. Die Uiguren fühlten sich an das Massaker vom Platz des Himmlischen Friedens erinnert; nur dass die Welt kaum Anteil daran nahm. Etwa 8000 Menschen werden seitdem vermisst. Ob sie ermordet wurden oder ohne Prozess in den Gefängnissen verschwunden sind, weiß niemand; auch auf Nachfragen erhalten Angehörige der Vermissten keine Antwort, sondern riskieren, selbst Opfer der Repression zu werden.

Seit dem Aufstand von Ily wurden in Xinjiang etwa 700 Menschen hingerichtet, wobei es sich nicht nur um Terrorismus-Verdächtige gehandelt hat. Menschenrechtsorganisationen wie die Gesellschaft für bedrohte Völker gehen zudem von etwa 15 000 Gewissensgefangenen aus.

Rebiya Kadeer – die Stimme der Uiguren

Für die Führung der Kommunistischen Partei erschien diese außergewöhnliche Frau wie ein Geschenk. Die 1948 geborene Rebiya Kadeer sollte das Aushängeschild Bejings in Xinjiang werden, denn keiner war dafür →

besser geeignet. Die Mutter von elf Kindern stammt aus einfachen Verhältnissen. Ihre Heimat ist das Altai-Gebirge, wo Goldgräber und Glücksritter den schnellen Weg zum Reichtum suchen.

Bereits die junge Rebiya Kadeer zeichnete sich durch einen außerordentlichen Geschäftssinn aus. Früh stieg sie in den Handel ein, erwarb günstig Stoffe, Kleider, Felle und Holz und veräußerte diese Waren mit guten Gewinnen weiter. Als sie dadurch bereits ein kleines Vermögen erwirtschaftet hatte, zog sie nach Urumqi, wo ihre Geschäfte weiter prosperierten. Das war in den 1980er-Jahren, als es unter der Führung von Deng Xiaoping geradezu ehrenvoll war, Reichtum anzuhäufen. Rebiya Kadeer verstand wie kaum jemand im Westen Chinas den Geist der Zeit und baute sich in Urumqi ein Handelsimperium auf, das sie zu einer der reichsten Frauen des Landes machte. Dass sie dabei keinerlei Rücksicht auf Konventionen nahm, liegt auf der Hand. Sie befehligte über Männer, sie reiste im Land umher, wie es Frauen nicht anstand, und sie wusste immer, was sie wollte.

Rasch wurde die Partei auf sie aufmerksam und umgarnte Rebiya Kadeer. Zunächst erhielt sie lokale Positionen und wurde 1987 sogar in den nationalen Volkskongress gewählt. Die erfolgreiche Geschäftsfrau ließ sich auf diese neue Rolle ein. «Ich verstand mich als Brücke zwischen Uiguren und Chinesen», erklärte sie später, doch im Laufe der Jahre musste sie erkennen, dass die Führung in Beijing andere Vorstellungen von ihrer Rolle hatte. Sie sollte das Aushängeschild für eine vermeintlich liberale Nationalitätenpolitik sein.

Für so etwas gab sich Rebiya Kadeer nicht her, und 1997 kam es im Volkskongress zum Eklat. Vor Staatspräsident Jiang Zemin, Ministerpräsident Li Peng und dem gesamten Politbüro ergriff sie an der Zensur vorbei das Wort und prangerte die Unterdrückung, Entmündigung und Unzufriedenheit der Uiguren an. So etwas hatte es im machtlosen Parlament noch nicht gegeben.

Damit hatte sie ihre Rolle als Vorzeige-Uigurin ausgespielt, und die Partei suchte nach einem halbwegs plausiblen Vorwand, um sich zu rächen. Der ergab sich 1999, als sie der Menschenrechtsorganisation *Asia Watch* Dokumente und Zeitungsartikel über die Unterdrückung der Uiguren zukommen lassen wollte. Rebiya Kadeer wurde verhaftet und wegen «Hochverrats» zu acht Jahren Gefängnis verurteilt. Ihr Renommee verhindert, dass sie während der Gefangenschaft gefoltert wurde, allerdings verbrachte sie zwei Jahre in Einzelhaft. Inzwischen war sie nicht nur in China sehr bekannt, sondern auch in den USA. Die US-Regierung, und namentlich →

Außenministerin Condoleezza Rice, übten massiven Druck auf Beijing aus, um die prominente Uigurin freizulassen. Das geschah schließlich 2005. Seitdem lebt Rebiya Kadeer in den USA, zumindest offiziell. Tatsächlich jedoch ist die ganze Welt ihr Zuhause geworden. Unermüdlich reist sie umher, um auf das Schicksal ihres Volkes aufmerksam zu machen. Sie leitet die *Uyghur American Association* sowie den Weltkongress der Uiguren. Mit der Leidenschaft, die aus ihr spricht, und ihren langen Zöpfen, die sie schmücken, hat sie sich ungeachtet ihrer bitteren Erfahrungen etwas Jugendhaft-Leichtes bewahrt, das ihr die Herzen öffnet. Darin ähnelt sie dem Dalai Lama, der anderen Symbolfigur gegen das Regime in Beijing.

Die Kommunistische Partei rächt sich auf ihre Art. Rebiya Kadeers im Land verbliebene Söhne, Ablikim und Alim Abdureyim, wurden unter fadenscheinigen Gründen verhaftet und zu Gefängnisstrafen verurteilt.

Kasachen

Die Kasachen sind ein Volk, dessen Identität sich zur Zeit der Mongolenherrschaft herausbildete. Um ihre Macht aufrechterhalten zu können, hatten die Mongolen zahlreiche Truppen aus den Turkvölkern aufgestellt. Unter ihnen befanden sich Einheiten, die als «kasachische Horde» bezeichnet wurden. Mit dem allmählichen Niedergang der Mongolen seit dem 15. Jahrhundert behielten sie ihre Struktur bei. Sie sind enge Verwandte der älteren Kirgisen sowie der Usbeken, die zur gleichen Zeit aus den gleichen Strukturen heraus als Volk entstanden sind.

Wie im Südwesten Chinas spiegeln auch im zentralasiatischen Bereich die Staatsgrenzen nicht die ethnischen Grenzen wider. Den Eroberungen der Zaren, deren Erbe die Sowjetunion antrat, ist es jedoch zu verdanken, dass die Kasachen heute über einen Nationalstaat verfügen, in dem sie etwa zwei Drittel der Bevölkerung stellen. Insgesamt gibt es etwa 13 Mio. Kasachen.

Ein Zehntel von ihnen lebt in der Volksrepublik China, überwiegend im Autonomen Gebiet Xinjiang. Die Viehzucht – Schafe, Rinder und Kamele – bildet ihre Lebensgrundlage. Eine wachsende Zahl lässt sich als Händler in den größeren Städten wie Urumqi nieder. Die Kasachen unterhalten enge Beziehungen zu ihren Verwandten jenseits der Grenze in Kasachstan. 1962 flohen 62 000 Kasachen und

Uiguren mit ihren Herden über die Grenze in die damalige Sowjet-republik Kasachstan. Sie sorgten damit für eine erhebliche diploma-tische Verstimmung zwischen Beijing und Moskau (siehe Uiguren). Heute hat sich die Lage entspannt. Nicht zuletzt um ihren Einfluss in Zentralasien auszuweiten, bemüht sich die Führung in Beijing um das Wohlwollen der Kasachen. Wie fast alle Turkvölker gehören auch sie dem sunnitischen Islam an.

Kirgisen

Das Schicksal der Kirgisen gleicht in vielem den Kasachen. Auch sie gehen auf alte Turkvölker zurück, die in der Zeit der mongolischen Horden eigene Verbände bildeten, aus denen sich schließlich ein Na-tionalbewusstsein entwickelt hat. Auch die Wirtschaftsform basiert auf der Viehzucht.

Weltweit gibt es etwa 4 Mio. Kirgisen, und seit der Auflösung der Sowjetunion verfügen sie über einen eigenen Staat. Auch sie sind An-hänger des sunnitischen Islam, allerdings haben sich in abgelegenen Gemeinschaften noch schamanistische Traditionen bewahrt, die frü-her in Zentralasien und Sibirien weit verbreitet waren. Eine eigene Schrift haben sie nie entwickelt, stattdessen haben sie die arabischen Zeichen übernommen.

Die etwa 160 000 Kirgisen in der Volksrepublik China siedeln überwiegend in Xinjiang, es gibt jedoch auch Gemeinden im äußers-ten Nordosten in der Provinz Heilongjiang.

In den Sagen der Kirgisen ist häufig von Kämpfen der Turkvölker gegen die Chinesen die Rede. Dabei ging es zumeist um die Vorherr-schaft über die fruchtbaren Ebenen.

Yuguren

Die nur 14 000 Personen umfassende Nationalität der Yuguren, die in den westlich von Xinjiang liegenden Provinzen Gansu und Qinghai leben, unterscheidet sich in einigen wesentlichen Punkten von den anderen Turkvölkern. Die meisten Angehörigen sind dem Buddhis-mus treu geblieben, der vor der islamischen Missionierung unter den Turkvölkern verbreitet war. Dazu kommt, dass ein Drittel der Yugu-ren eine mongolische Sprache spricht, Engger, die anderen sprechen

Kirgisischer Nomade vor seiner Jurte
Foto: Ann-Kathrin Prior

Turksprachen. Als wichtigstes Kommunikationsmittel benutzen sie jedoch schon seit der Kaiserzeit das Chinesische. Ihre wirtschaftliche Basis ist die Schafzucht.

Tataren

Zu den besonders exotischen Minderheitenvölkern in China zählen die 5000 Tataren, die überwiegend in Xinjiang leben. Sie sind eine der kleinsten unter den offiziell anerkannten nationalen Minderheiten und leben überwiegend in den Städten, denn ihre wirtschaftliche Basis bilden Handwerk und Handel.

Die Tataren sind kein reines Turkvolk. Viele Ethnologen führen ihren Ursprung auf die Mongolen zurück. Sie waren auch Teil der «Goldenen Horde». Im Laufe der Jahrhunderte vermischten sie sich jedoch immer mehr mit zentralasiatischen Turkvölkern, so dass sie deren Sprache und Religion, den Islam, übernommen haben.

Der größte Teil ihres Volkes, das früher als Elitetruppe des Zaren berühmt und berüchtigt war, lebt in Russland und anderen Nachfolgestaaten der Sowjetunion. Sie hatten unter den stalinistischen Verfolgungen besonders zu leiden. So wurden die Tataren der Krim im Mai 1944 nach Usbekistan, nicht weit von der chinesischen Grenze, deportiert, angeblich weil sie mit den deutschen Besatzern kollaboriert hätten. Dabei kamen nach eigenen Angaben 44 Prozent der Angehörigen ums Leben. Im Zuge der Entstalinisierung mussten die Tataren zehn Jahre länger als die anderen deportierten Völker warten, bis sie rehabilitiert wurden.

In der Sowjetunion stellten die Tataren immer einen hohen Anteil an Bürgerrechts- und Menschenrechtsgruppen, was sie auch jenseits der Grenze in China verdächtig machte, auch wenn sie dort keiner direkten Repression ausgesetzt sind – von der Zeit der Kulturrevolution abgesehen. Die allgemeine wirtschaftliche und kulturelle Entwicklung bietet ihnen kaum eine Perspektive als eigenes Volk. Nur noch wenige Intellektuelle wehren sich gegen den Trend und fördern bewusst die tatarische Sprache und Kultur, doch das reicht vermutlich nicht, um ihr Überleben zu sichern.

VII. Die iranischen Völker

In unmittelbarer Nachbarschaft der Turkvölker leben die iranischen Völker, die als eigene Obergruppe verzeichnet sind, obwohl sie in China nur ein Volk stellen, die knapp 40 000 Tadschiken.

Tadschiken

Wie die meisten Völker im Nordwesten Chinas sind auch die Tadschiken nur ein kleiner Teil eines Volkes, das durch die Umwälzungen in der ehemaligen Sowjetunion über einen eigenen Staat verfügt. Weltweit gibt es etwa 7 Mio. Tadschiken. Die Bedeutung des Wortes ist nicht eindeutig geklärt. Es handelt sich um einen Sammelbegriff für die aus Persien stammende Bevölkerung Zentralasiens. Insofern sind die Tadschiken ursprünglich keine einheitliche ethnische Gruppe, sondern umfassen verschiedene persische Völker, die aus unterschiedlichen Gründen und in unterschiedlichen Epochen Richtung Osten ausgewandert sind. Viele von ihnen waren Anhänger der alten Religionen des Zoroastrismus oder Manichäismus, die vor der Islamisierung geflohen sind. Sie haben sich mit anderen Volksgruppen vermischt und deren Kulturelemente aufgenommen. Erst im 20. Jahrhundert hat sich daraus ein Nationalbewusstsein im engeren Sinne entwickelt.

Die Tadschiken berufen sich auch auf die Samaniden-Dynastie aus dem frühen 10. Jahrhundert, die das persische Reich nach der arabischen und vor der türkischen Herrschaft zu einer zeitweiligen Blüte geführt hat.

Zwar sind die Tadschiken heute überwiegend Moslems, doch im Gegensatz zu den Menschen in ihrem Ursprungsland, dem Iran, herrscht bei ihnen die sunnitische Richtung vor. Sagenumwobene tadschikische Städte wie Herat oder Samarkand spielen in der orientalischen Dichtung, zum Beispiel in den Geschichten aus «Tausendundeine Nacht», eine wichtige Rolle.

Das Leben der etwa 42 000 Tadschiken in China ist weniger romantisch. Sie leben überwiegend in Xinjiang und sind von den Turkvölkern kaum zu unterscheiden. Die meisten Tadschiken beherrschen die uigurische und kasachische Sprache, die in ihrem Alltag unverzichtbar ist. Die chinesischen Tadschiken sind keiner Sinisierung, sondern einer schleichenden Turkisierung unterworfen.

VIII. Die slawischen Völker

Auch die slawischen Völker erscheinen eigens in den chinesischen Statistiken, obwohl nur die Russen mit einer statistisch erfassbaren Anzahl von Personen in China präsent sind.

Russen

Im Nordwesten Chinas leben etwa 15 000 Russen. Ein kleiner Teil siedelt darüber hinaus in den nordöstlichen Provinzen Heilongjiang sowie in der Inneren Mongolei. Die Russen in China unterscheiden sich ethnisch, kulturell und religiös in keiner Weise von ihren Verwandten jenseits der Grenze. Es handelt sich vor allem um Nachkommen russischer Emigranten aus dem späten 19. und frühen 20. Jahrhundert. Nach der Oktoberrevolution flohen einige Zehntausend vor den Kommunisten in das damals von der Nationalpartei Guomin Tang regierte China. Die meisten leben heute als Handwerker oder Geschäftsleute in einer von Chinesen geprägten urbanen Umgebung. Sofern sie wirtschaftlich gut integriert sind, sehen sie keine Veranlassung, nach Russland zurückzukehren. Ob sie ihre Identität jedoch langfristig bewahren können, ist fraglich, da sie im Alltag keinerlei Bedeutung hat.

Der Nordosten

Im Nordosten Chinas leben die Völker, die jahrhundertelang mächtige Reiche gebildet und auch über China geherrscht haben. Die chinesische Führung bringt ihnen deshalb noch immer ein erhebliches Misstrauen entgegen. Dabei ist kein anderes Gebiet, in dem nationale Minderheiten leben, so stark sinisiert wie der Nordosten Chinas. Außerdem sind die historischen Bindungen, die von den Han gegenüber den 55 Nationalitäten im ganzen Land postuliert werden, nirgendwo tatsächlich so alt und eng wie im Nordosten.

IX. Die mongolischen Völker

Mongolen

Keine der Nationalitäten innerhalb der Volksrepublik China blickt auf eine so glorreiche Vergangenheit zurück wie die Mongolen. Sie sind ein eigenständiges Volk in Zentralasien, dessen Wurzeln im Nordosten der heutigen Mongolei im Einzugsgebiet der Flüsse Onon und Kerulen liegt. Ihre Sprache zählt zu den Altai-Sprachen, ein Oberbegriff für knapp 70 eigenständige, aber miteinander verwandte Sprachen. Die anderen großen Gruppen dieser Sprachfamilie sind die Tungusischen sowie die Turkvölker. Türkisch ist die am weitesten verbreitete altaische Sprache; Zentralasien bildet die gemeinsame Heimat.

Eine mongolische Schrift wurde im frühen 13. Jahrhundert in Anlehnung an das Uigurische entwickelt. Verantwortlich dafür war der uigurische Gelehrte Tatar-Tonga, der während eines Kriegszuges von Dschinghis Khan gefangen genommen und anschließend beauftragt wurde, eine solche Schrift zu entwickeln. Sie diente vor allem der Verwaltung des von Dschinghis Khan eroberten Großreiches. Bis heute ist die klassische mongolische Schrift ein verbindendes Glied zwischen den mongolischen Völkern. Sie verläuft von oben nach unten und von links nach rechts, was für vertikale Schriften ungewöhnlich ist.

Das Großreich Dschinghis Khan einte im späten 12. Jahrhundert erstmals die mongolischen Stämme und stieg zu ihrem erfolgreichsten Kriegsherrn auf. Er ist eine beinah mythische Gestalt – verklärt und verteufelt. Seine «Goldene Horde» bedrohte im 13. Jahrhundert sogar die europäischen Mächte. Ihre hoch entwickelte Reiterei, ihre Schnelligkeit, ihre gute Bewaffnung, ihre strenge Disziplin, aber auch ihre Brutalität erhoben die Mongolen für 400 Jahre zur dominierenden Macht in Asien. Langfristig konnten sie sich jedoch nicht als Großmacht konsolidieren, wofür weniger die Stärke ihrer Nachbarn als die eigene Zerstrittenheit verantwortlich war. Die Rivalität zwischen den verschiedenen Clans und ihren Anführern, den Khans, verhinderte häufig ein gemeinsames Vorgehen. Nur ebenso charismatischen wie rücksichtslosen Fürsten gelang es, das Gemeinsame hervorzuheben und die Krieger zu einer Macht zu vereinigen.

1634 starb der letzte bedeutende mongolische Fürst, Ligdan Khan. Danach war ihre Macht nur noch regionaler Natur, etwa im schwer zugänglichen Tibet. Der südöstliche, sehr dicht besiedelte Teil des mongolischen Siedlungsraumes geriet zunehmend unter den Einfluss der aufstrebenden mandschurischen Qing-Dynastie, die 1644 ihre Herrschaft über China antrat. Damit wurde bereits im 17. Jahrhundert die Basis für die Teilung der Mongolei gelegt. Das Gebiet, das unter dem Einfluss der Qing stand, wurde in sechs Fürstentümer unterteilt, die eine gewisse Autonomie genossen und als «Innere Mongolei» bezeichnet wurden.

Der heute noch gebräuchliche Name charakterisiert die Lage aus der Perspektive von Beijing. Dieses südliche Siedlungsgebiet der Mongolen liegt näher an der chinesischen Hauptstadt als die «Äußere Mongolei» im Norden. Ihrer Tradition verbundene Mongolen sprechen deshalb auch lieber von der südlichen und nördlichen Mongolei.

Die Fürsten der Inneren Mongolei huldigten den Mandschu-Kaisern in Beijing bereits im 17. Jahrhundert, obwohl damals noch keine Chinesen dort lebten. Die zunehmende Schwäche der Mongolen nutzten die chinesischen Kaiser in den folgenden Jahrhunderten, um ihren Einfluss auf das mongolische Kerngebiet auszudehnen. Die

Dominanz war überwiegend wirtschaftlicher Natur. Chinesische Händler drangen immer tiefer in die Mongolei ein und fungierten zum Teil sogar als Steuereintreiber, da die von zahlreichen Konflikten bedrängten mandschurischen Kaiser nie die volle Kontrolle über die Äußere Mongolei ausüben konnten.

In der Inneren Mongolei trieben die Qing-Kaiser durch die Ansiedlung von Chinesen sowie dem Bau von Straßen die Integration des Gebietes in ihr Reich erfolgreich voran.

Das Ende der Qing-Dynastie 1911 stärkte zunächst den mongolischen Patriotismus. 1911 löste sich die Äußere Mongolei von China. Gleichwohl hielten sich chinesische Truppen noch für ein Jahrzehnt dort, bevor die Mongolen sie mit Hilfe der Sowjetunion vertreiben konnten.

Spaltung und Eigenständigkeit

Nach der Unabhängigkeit der Äußeren Mongolei bemühte sich die geistliche und politische Führung in der Hauptstadt Ulan Bator um die Loslösung der Inneren Mongolei von China. Dabei tat sich vor allem das religiöse Oberhaupt, Bogdo Gegen, hervor. Doch weder friedliche Bemühungen noch Aufstände erreichten das angestrebte Ziel; die Qing hatten die Innere Mongolei bereits zu einer chinesischen Provinz gemacht. Während der japanischen Besetzung Chinas hofften die Mongolen – ähnlich wie die Mandschuren – auf mehr Selbstbestimmung, doch auch sie mussten erkennen, dass sie von den Japanern nur instrumentalisiert wurden, um die chinesische Republik zu schwächen.

Nach dem Zweiten Weltkrieg mussten sowohl Chiang Kai-shek (1945) wie auch Mao Zedong (1950) widerstrebend die Ansprüche auf die Äußere Mongolei vertraglich abtreten. Es ist der einzige Gebietsverlust, den das heutige China gegenüber dem Kaiserreich zu beklagen hat.

Gleichzeitig taten sich Mongolen in der Kommunistischen Partei hervor. Ihnen gelang es noch vor dem Sieg der Volksbefreiungsarmee im Bürgerkrieg, in der Inneren Mongolei ein kommunistisches Regime zu etablieren. Zentrale Figur dieses «Autonomen Gebietes» war der Funktionär Ulaanxüü. So verlief die Integration der Inneren Mongolei in die Volksrepublik China erheblich reibungsloser, als dies

Junge mongolische Familie in der Steppe, wo sich die Tradition noch erhalten hat
Foto: Roland Prior

etwa in Tibet oder Ost-Turkestan der Fall war. Auch in der formell unabhängigen Äußeren Mongolei, die gleichwohl von der Sowjetunion dominiert wurde, wehrte sich niemand gegen die Entwicklung.

Die Schattenseiten des neuen Regimes bekamen die Mongolen während der Kulturrevolution zu spüren. Ein Teil ihres Territoriums wurde anderen Provinzen mit chinesischer Bevölkerungsmehrheit zugeschlagen, die Landwirtschaft kollektiviert, die mongolischen

Kader entmachtet oder sogar aus der Partei entfernt. Nach dem Ende der Kulturrevolution wurden die meisten dieser Maßnahmen wieder aufgehoben, ohne dass sich die Kommunistische Partei davon jemals offiziell distanziert hätte.

Die Innere Mongolei umfasst heute eine Fläche von 1,1 Mio. km², das ist ein Neuntel des gesamten chinesischen Staatsgebietes. Dort leben etwa 25 Mio. Menschen, zumeist Chinesen. Die meisten Mongolen leben traditionell als Nomaden oder Halbnomaden mit Rinderherden, aber auch Pferden und Kamelen.

Sinisierung im Alltag

Obwohl es im Gegensatz zu den Tibetern und Uiguren keine offenen Bekundungen für mehr Eigenständigkeit oder gar Unabhängigkeit gibt, betreibt die chinesische Führung in der Mongolei eine ähnliche Politik der Sinisierung wie in den widerspenstigen Provinzen. Zwar leben in der Inneren Mongolei doppelt so viele Mongolen wie in der Äußeren (4,8 Mio. gegenüber 2,4 Mio.), doch im Vergleich zu knapp 20 Mio. Chinesen sind die Mongolen nur noch eine Minderheit. Insgesamt zählt die Volksrepublik China knapp 6 Mio. Mongolen.

Die mongolische Sprache und Kultur wird zwar insbesondere im akademischen Rahmen gefördert, doch im Alltag dominiert das Chinesische mit zum Teil grotesken Formen. Wie die Gesellschaft für bedrohte Völker dokumentiert, werden mongolische Chöre genötigt, chinesische Sänger aufzunehmen und chinesische Lieder zu singen.[40] Noch gravierender sind die Reglementierungen für jede Form der Organisation außerhalb der Strukturen der Partei. Selbst rein kulturelle Vereinigungen unterliegen der ständigen Beobachtung durch die Behörden, und die Aktivisten riskieren häufig Verfolgung und Haft.

Die unter den Qing-Kaisern begonnene Kolonisierung der Inneren Mongolei wurde seit den 1960er-Jahren erheblich intensiviert. Damals lebten eine Viertel Million Chinesen in der Inneren Mongolei. Innerhalb von 40 Jahren ist ihre Zahl um das Achtzigfache gestiegen, ihr Bevölkerungsanteil erhöhte sich von zehn auf beinah 80 Prozent. Eine so extreme Sinisierung hat keine der sog. Autonomen Regionen in China erfahren. Das hat zwei wesentliche Ursachen: Die Innere Mongolei ist von Zentralchina aus relativ leicht zu erreichen, und das kontinentale Klima mit kalten Wintern und heißen Sommern ist dem in Beijing und Umgebung sehr ähnlich. Darüber hinaus ist das Gebiet ausgesprochen reich an Bodenschätzen und somit von großer wirtschaftlicher Bedeutung.

Die kommunistische Führung hat die Bedeutung der Inneren Mongolei als Grenzgebiet zum sowjetischen Herrschaftsbereich, mit dem Beijing in den 1950er- Jahren gebrochen hat, sowie als Quelle wertvoller Rohstoffe rasch erkannt. Für die Industrialisierung Chinas war das Territorium von überragender Bedeutung. Die Vorräte an Kohle und Eisen hatten bereits die Japaner genutzt. Dazu kommen Aluminium und Uran. Bereits in den 1950er-Jahren errichteten die Planer der KP Zentren der Industrialisierung, deren wichtigstes bis heute die Stadt Baotou ist. Neben der Schwerindustrie befinden sich dort auch Leder- und textilverarbeitende Betriebe. Die Stadt unterscheidet sich in keiner Weise von anderen chinesischen Großstädten. Der mongolische Bevölkerungsanteil liegt bei etwa drei Prozent. Auch in der Hauptstadt Hohhot bzw. Xöxxot liegt der Anteil der Mongolen bei nur etwa neun Prozent. Die für Autonome Regionen vorgeschriebene Zweisprachigkeit im öffentlichen und geschäftlichen Leben wird faktisch nicht eingehalten. Mongolen, die kein Chinesisch sprechen oder auf einer Bedienung in ihrer Sprache bestehen, werden diskriminiert.

Nur auf dem Lande hat sich die mongolische Tradition noch erhalten, doch auch sie wird immer mehr bedroht. Viele Mongolen leben bzw. lebten als Nomaden und Halbnomaden. Diese Lebensform wird durch behördliche Zwangsmaßnahmen massiv zurückgedrängt – angeblich aus ökologischen Gründen, um eine weitere Wüstenbildung und Versteppung zu verhindern.

In der Tat schreitet die Wüste in vielen Gebieten Chinas rasch voran; in jedem Jahr um 3500 km² nach offiziellen Statistiken. 400 Mio. Menschen leben im Einzugsbereich dieser Entwicklung. Dafür jedoch die nomadische Lebensweise verantwortlich zu machen, verkennt die wirklichen Ursachen und macht Menschen, die ohnehin Opfer der Veränderung sind, ein weiteres Mal zum Opfer.

In der Inneren Mongolei hängt die Wüstenbildung unmittelbar mit der Sinisierung zusammen. Um den Millionen chinesischer Siedler eine wirtschaftliche Basis zu schaffen, wurden die traditionellen Weidegebiete der Mongolen in Flächen mit intensiver landwirtschaftlicher Bebauung umgewandelt. Das hatte zur Folge, dass die Nomaden in immer unwirtlichere Gebiete abgedrängt wurden, wo ihre Viehherden die Böden in der Tat bald überweideten.

Gleichzeitig waren die traditionellen Weideflächen von der intensiven landwirtschaftlichen Nutzung ebenfalls überfordert, so dass die Versteppung auch dort begann, wo die nomadische Lebensweise jahrhundertelang für ein ökologisches Gleichgewicht gesorgt hatte.

Als Konsequenz aus der Entwicklung zwingt die Regierung Hunderttausende Mongolen zur Sesshaftigkeit. Für sie werden eigens Dörfer und feste Siedlungen errichtet. Es wird ihnen verboten, weiter Viehherden zu halten; eine dafür gewährte Entschädigung wiegt den wirtschaftlichen Schaden nicht auf und beinhaltet zudem das strikte Verbot, wieder auf das traditionelle Land zurückzukehren. Das Programm begann 1998, bis heute sind fast eine dreiviertel Million Menschen davon betroffen. Mindestens eine halbe Million soll noch folgen. Die wirtschaftliche Situation hat sich für die meisten eher verschlechtert als verbessert.

Tuyas Hochzeit – eine Hommage an die mongolischen Nomaden

Der chinesische Regisseur Wang Quan'an, dessen Mutter in der Inneren Mongolei geboren wurde, setzte den mongolischen Nomaden mit dem Film «Tuyas Hochzeit» ein eindrucksvolles Denkmal. Der Film spielt bei den Hirtennomaden. Die meisten Mitwirkenden sind Laiendarsteller aus der Region, die sich selbst spielen.

Im Zentrum steht Tuya, Mutter von zwei Kindern und Besitzerin einer Schafherde. Ihr Mann Bater ist durch einen schweren Unfall arbeitsunfähig geworden und ans Haus gefesselt. Tuya ist für die Versorgung von allen zuständig, was sie derartig überfordert, dass sie irgendwann zusammenbricht. Ihr Mann erkennt die ausweglose Lage und bietet ihr die Scheidung an, damit sie einen neuen Mann heiraten kann, der sich um sie und die Kinder kümmert. Zunächst lehnt Tuya empört ab, doch im Laufe der Zeit sieht sie ein, dass es kaum eine Alternative dazu gibt. Den neuen Freiern stellt sie jedoch eine Bedingung: Sie müssen nicht nur sie und die Kinder versorgen, sondern auch ihren Mann. Obwohl sie eine begehrenswerte Frau ist, der es nicht an Freiern mangelt, ist allein ihr alter Schulfreund Baolier bereit, sich auf die Bedingungen einzulassen. Er ist allerdings ein undurchsichtiger →

Charakter, nimmt Tuya mit in die Stadt und steckt Bater in ein Heim. Dort verzweifelt der Kranke, der nur das Leben in der Steppe kennt, und legt Hand an sich. Sen'ge, ein Nachbar, rettet ihn jedoch, informiert Tuya, die sich sofort zu ihrem Ex-Mann aufmacht und mit ihm wieder in ihr altes Heim zurückkehrt. Dort geht das Leben weiter wie zuvor, doch Sen'ge kümmert sich nun um die Familie und baut Tuya einen Brunnen, so dass sie zumindest davon entbunden ist, Wasser zu holen. Auch Sen'ge verliebt sich in sie und macht ihr einen Heiratsantrag. Davon ist Tuya angetan, doch schon bald verschwindet der Bräutigam, der noch verheiratet ist. Ziemlich resigniert gibt sie sich schließlich dem Werben eines alten Lehrers hin, der für die ganze Familie sorgen will. Am Tag vor der Hochzeit taucht jedoch Sen'ge wieder auf, der inzwischen geschieden ist und sogar Geräte zum Bohren mitbringt. Tuya ist noch immer enttäuscht über sein plötzliches Verschwinden, entschließt sich aber dennoch, ihn zu heiraten. Ein kitschiges Happy End bedeutet das aber nicht, denn Bater betrinkt sich während der Hochzeit und sucht Streit mit Sen'ge.

Eine authentische Atmosphäre, die das Harte und Großartige des nomadischen Lebens deutlich macht, sowie wunderbare Landschaftsaufnahmen wecken die Sehnsucht nach der mongolischen Steppe. Auch die internationale Kritik war beeindruckt und prämierte den Film bei den 57. Internationalen Filmfestspielen in Berlin 2007 mit dem Goldenen Bären. In China lief eine um zehn Minuten gekürzte Fassung, in der regierungskritische Passagen zensiert worden sind.

(www.tuyashochzeit.de)

Dongxiang

Die etwa eine halbe Million Dongxiang leben im Westen und Südwesten des mongolischen Siedlungsgebietes, nämlich in den Provinzen Gansu, wo sie über einen Autonomen Bezirk verfügen, sowie in Qinghai, Hui Ningxia und Xinjiang. Ethnisch haben die Dongxian verschiedene Wurzeln. Ihre Vorfahren gerieten im 13. Jahrhundert unter mongolischen Einfluss und bildeten zeitweilig die Westgrenze des Reiches. Sie vermischten sich mit mongolischen Soldaten, die bei der Ausdehnung nach Westen neue Gebiete urbar machten.

Die Dongxian sprechen eine mongolische Sprache, die jedoch im Alltag immer mehr an Bedeutung verliert, weil sie sich in ihrer Umgebung auf Chinesisch verständigen. Sie gehören zu den islamischen mongolischen Völkern. Ihre Basis bilden Landwirtschaft und Viehzucht. Eine wichtige soziale Rolle spielt der Tee. Die Dongxiang sind bekannt für ihre ausgeklügelten Tee-Zeremonien, die aus dem Konsum des Getränks ein Ritual machen.

Tu

Die über 200 000 Tu sind die nordöstlichen Nachbarn der Tibeter, die überwiegend in Qinghai, der alten tibetischen Provinz Amdo, leben. Ein Teil siedelt auch in der Nachbarprovinz Gansu, wo es einen Autonomen Kreis der Tu gibt. Aufgrund der geografischen Nähe praktizieren die Tu den tibetischen Buddhismus. Sie sprechen jedoch eine mongolische Sprache, besitzen aber keine Schrift. Früher haben sie sich der tibetischen Schrift bedient, die jedoch immer mehr von der chinesischen abgelöst wird.

Die Schafzucht bildet ihre Lebensgrundlage, dazu kommt der Anbau von Getreide und Gemüse. Bekannt sind die Tu für ihre sprichwörtliche Gastfreundschaft, die traditionell jedem Durchreisenden gewährt wird. Mit der allmählichen Auflösung der traditionellen Strukturen verschwinden jedoch derartige Sitten.

Daghuren (Daur)

Die Daghuren (oder Daur) führen ihre historischen Wurzeln weit zurück. Sie betrachten sich als Nachkommen der Khitan, eines der ältesten mongolischen Völker, das aus dem äußersten Osten ihres Siedlungsraumes stammt.

Das Khitan-Reich – der Traum von alter Herrlichkeit

Die ältesten Quellen über die Khitan reichen bis ins 6. Jahrhundert zurück. Im frühen 10. Jahrhundert tauchten sie zum ersten Mal an der Bohai-Bucht östlich von Peking sowie im chinesischen Tiefland auf. Schon lange vor Dschinghis Khan verbreiteten sie Schrecken unter der chinesischen Bevölkerung. Im Norden Chinas gründeten sie die Liao-Dynastie, deren erster →

Kaiser Taizu 907 den Thron betrat. Sie herrschten über weite Teile Nord-Chinas, darunter Beijing sowie die Innere Mongolei. Es war die Zeit der chinesischen Song-Dynastie mit der Hauptstadt Kaifeng am Gelben Fluss. Die Liao wurden zur Konkurrenz der Song, belagerten und brandschatzten Kaifeng. In Friedensverträgen verpflichteten sich die Song zu hohen Tributzahlungen. Im Westen stießen die Liao bis Samarkand im heutigen Usbekistan vor, im Osten und Südosten bis Korea.

Zu Beginn des 12. Jahrhunderts setzte der Untergang der Liao-Dynastie ein, die schließlich von der Jin-Dynastie besiegt und vernichtet wurde. Ein Teil der Khitan floh Richtung Westen, wo sie sich behaupten konnten, bis Dschinghis Khans Goldene Horde ein halbes Jahrhundert später ganz Ost- und Zentralasien unterwarf. Die Khitan gingen im mongolischen Großreich auf, die Daghuren sehen sich als ihre Erben.

Durch die wechselvolle Geschichte besiedeln die etwa 135 000 Menschen ein großes Gebiet von Heilongjiang über die Innere Mongolei bis Xinjiang. Heterogen ist auch ihre Religion. Ein Teil der Daghuren praktiziert den tibetischen Buddhismus, während andere den alten schamanistischen Traditionen treu geblieben sind.

Viehzucht, Jagd und Landwirtschaft bilden traditionell die ökonomische Basis, doch mehr noch als in anderen Gebieten hat die Industrialisierung in ihren Lebensraum Einzug gehalten. Große Fabrikanlagen, deren Produktion von elektronischen Geräten bis zu Kunstdünger reicht, bieten den Daghuren zwar eine Quelle zum Gelderwerb, ziehen aber auch viele Han an, so dass die Sinisierung weit fortgeschritten ist. Beschleunigt wird der Prozess dadurch, dass die Daghuren über keine eigene Schrift verfügen.

Der Ruf der Daghuren wird noch immer von der kriegerischen Vergangenheit des Khitan-Reiches bestimmt, denn sie gelten bis heute als tapfere Reiter, gute Schützen und starke Kämpfer.

Bonan (Baoan)

Das kleinste unter den mongolischen Völkern sind die Bonan mit gut 15 000 Menschen, die im Südwesten der Provinz Gansu leben. Sie gehören zu den Mongolen islamischen Glaubens. Im Alltag sind sie von den Hui, den chinesischen Moslems, kaum zu unterscheiden. Ihre eigene Sprache haben sie fast aufgegeben, weil sie in einer von Chinesen geprägten Umgebung keine Bedeutung mehr hat. Eine eigene Schrift haben sie nie besessen.

Ethnisch und linguistisch sind die Bonan enge Verwandte der Tu und Dongxiang. Traditionell leben sie von der Schafzucht und Landwirtschaft. In China haben sie vor allem den Ruf, hervorragende Messer und Schwerter herzustellen.

X. Die tungusischen Völker

Im äußersten Nordosten Chinas lebt die Gruppe der tungusischen Völker, zu denen fünf Nationalitäten gezählt werden. Manche Wissenschaftler sprechen auch von den mandschu-tungusischen Völkern. Wie die Mongolen und die Turkvölker zählen sie zur altaischen Sprachfamilie. Die Mehrzahl der tungusischen Völker lebt in Sibirien, jedoch handelt es sich dabei zumeist um Ethnien mit weniger als 100 000 Angehörigen. Traditionell waren sie Halbnomaden mit Jagd und Fischfang als Lebensgrundlage. Viele hielten auch Rentiere als wirtschaftliche Basis. Im 20. Jahrhundert wurden nahezu alle tungusischen Völker in der Sowjetunion sowie der Volksrepublik China zur Sesshaftigkeit gezwungen.

Mandschuren

Das mit Abstand größte und bekannteste tungusische Volk sind die Mandschuren, dessen historische und kulturelle Entwicklung sich grundlegend von den anderen unterscheidet. Ähnlich wie die Mongolen haben die Mandschuren bereits bessere Zeiten erlebt, aber im Gegensatz zu den Mongolen bilden sie keinen Nationalstaat, der ihr Erbe bewahrt.

Die Hälfte der knapp 11 Mio. Mandschuren lebt in der Provinz Liaoning im Nordosten Chinas. Dort konzentriert sich die Bevölkerung auf sechs autonome Kreise. Über eine autonome Region, wie sie für Mongolen, Tibeter, Uiguren, Zhuang und Hui errichtet wurde, verfügen die Mandschuren nicht.

Ihre Vorfahren sind die Jurchen (oder Nüzhen), die im 12. Jahrhundert in Nordost-China einwanderten. Damals lebten sie wie die anderen tungusischen Völker von Landwirtschaft, Jagd und Fischfang. Im frühen 17. Jahrhundert änderten sich Leben und Sozialverhalten der Jurchen. Fürst Nurhaci (Nurhatschi) wurde zum Stammvater einer bedeutenden Dynastie, die 1644 den Drachenthron in Beijing eroberte. Um mit der Tradition zu brechen, verbot er die Bezeichnung Jurchen; seitdem nennen sie sich Mandschuren. Es gibt verschiedene Theorien für diesen Schritt. Eine besagt, dass es eine Ehrerbietung gegenüber Manjushri war, einem der drei großen Bodhisattvas der buddhistischen Tradition. Manjushri, der zumeist mit einem Feuerschwert dargestellt wird, bekämpft die Unwissenheit und bringt Licht in das Dunkel des unerleuchteten Geistes. Nurhaci fühlte sich Manjushri eng verbunden und behauptete sogar, dessen Inkarnation zu sein.

1616 vereinte Nurhaci mehrere Mandschu-Gruppen und gründete Manju Gurun («Staat der Mandschu»). Das war der Beginn der Qing-Dynastie. Anstelle der Landwirtschaft setzte der Stammesfürst auf Militär und Eroberung; aus Nomaden und Bauern wurden Krieger. Damit vollzog sich eine ähnliche Entwicklung, wie sie 400 Jahre zuvor der Mongolenfürst Dschinghis Khan initiiert hatte. In Ostasien verfügte die neue Dynastie über einen ähnlichen Einfluss. Nicht zufällig orientierten sich die Qing an der mongolischen Yuan-Dynastie, und die ersten Qing-Kaiser heirateten häufig adelige mongolische Frauen, während Verbindungen mit Han-Chinesinnen nicht infrage kamen.

Nurhacis Sohn Hong Taiji und Enkel Li Zicheng setzten das Werk ihres Ahnen fort und besiegten 1644 die in China herrschende Ming-Dynastie. Damit war der Weg auf den Drachenthron für die Qing frei.

Mandschuren auf dem Drachenthron: Die Qing-Dynastie

Sie war die letzte chinesische Dynastie, deren Untergang eine neue Zeit in China einläutete. Bis heute werden Künstler und Filmemacher zu immer neuen Epen über die Epoche inspiriert. Dabei steht häufig Pu Yi im Mittelpunkt, der tragische letzte Kaiser von China, der mit zwei Jahren den Thron bestieg und vier Jahre später abdanken musste. Von Beginn an stellten die Mandschuren nur einen kleinen Teil der Gesamtbevölkerung im chinesischen Reich. Den Verantwortlichen war bewusst, dass schon die Mongolen an derartigen Strukturen zerbrochen waren, weil sie von den Han nie wirklich akzeptiert worden waren. Die Qing gingen geschickter vor. Sie besetzten jeden Posten in der Verwaltung mit zwei Repräsentanten, einem Han und einem Mandschu. Damit wurde der Verwaltungsapparat aufgebläht, doch die Han waren eingebunden und fühlten sich nicht diskriminiert. Darüber hinaus befruchteten sich beide Kulturen gegenseitig, was langfristig auf Kosten der Mandschuren ging. Die Mandschuren übernahmen immer häufiger die chinesische Sprache und Gebräuche, selbst am Kaiserhof. Seit dem späten 18. Jahrhundert hatte ihre Sprache Mandschuri allenfalls noch rituellen Charakter, vergleichbar mit dem Latein in der katholischen Kirche. Andererseits fanden Traditionen der Mandschu Eingang in den Alltag der Chinesen, besonders unter den Kriegern.

So konnte sich die Qing-Dynastie fast dreihundert Jahre auf dem Drachenthron halten, eine lange Zeit, die unter den etwa 20 Dynastien – es gibt unterschiedliche Zählungen – nur von vier anderen übertroffen wurde. Und es waren eher soziale als ethnisch-kulturelle Gründe, die schließlich zum Sturz der Qing geführt haben.

Überhaupt waren die Qing-Kaiser im kulturellen Bereich relativ tolerant. In der Anfangszeit bestanden rege Kontakte bis zum Papst in Rom. Christliche Missionare in China waren durchaus willkommen, was bei der einfachen Bevölkerung zu Misstrauen und Vorbehalten führte.

Mitte des 19. Jahrhunderts zeichnete sich allmählich der Untergang der Qing ab, der sich allerdings noch über viele Jahrzehnte hinzog. Zu den innenpolitischen Schwierigkeiten, Unruhen und Aufständen kam um die Wende zum 20. Jahrhundert die äußere Bedrohung. 1894/95 zerstörten die Japaner die chinesische Kriegsflotte und annektierten Korea. In den wichtigen Küstenstädten zogen europäische Kriegsflotten auf, woran sich auch das Deutsche Reich beteiligte.

Am 10. Oktober 1911 begann die sog. Xinhai-Revolution, die dem maroden Mandschu-Reich den Todesstoß versetzte. Vor allem im Süden Chinas griff der Aufstand rasch um sich, die Truppen der Qing leisteten kaum noch Gegenwehr. Am 29. Dezember dankte die Kaiserwitwe im Namen des minderjährigen Thronfolgers offiziell ab, und am 12. Februar 1912 wurde die Republik China ausgerufen.

Das Ende der Qing-Dynastie bedeutete noch nicht das endgültige Aus aller mandschurischen Träume. Weltpolitische Konflikte verschafften ihnen in den 1930er-Jahren noch einmal ein letztes, trügerisches Gefühl alter Größe. 1931 errichtete Japan im Nordosten Chinas ein Reich Mandschukuo, dessen formelles Oberhaupt der letzte Kaiser Pu Yi wurde. Das Gebiet war schon so sinisiert, dass die Untertanen von Mandschukuo überwiegend Han waren. Doch selbst die einfache mandschurische Bevölkerung zeigte wenig Interesse an der neuen «Souveränität», mit der es ohnehin nicht weit her war. Die japanische Armee benutzte Mandschukuo als Aufmarschgebiet für eine Invasion im chinesischen Kernland, das vom Bürgerkrieg zwischen Kommunisten und Nationalisten zerrissen war. Die Kapitulation der Japaner 1945 bedeutete auch das Ende von Mandschukuo.

Heute sind die Mandschus ungeachtet ihrer relativ großen Bevölkerungszahl eine der in ihrer Existenz bedrohten Nationalitäten in China, denn die vollständige Assimilierung erscheint kaum noch aufzuhalten. Die Entwicklung aus der Kaiserzeit hat sich noch verschärft. Die mandschurische Sprache ist nahezu ausgestorben. Nur noch einige wenige alte Menschen sprechen sie, und es gibt keine ernsthaften Bemühungen, sie im Alltag zu retten. Die Qing-Dynastie hat unter den Mandschuren eine große Identifikation mit dem «Reich der Mitte» hinterlassen. Mehr als viele andere große Nationalitäten betrachten sich die Mandschuren als Chinesen, und ihre Identität als Mandschuren hat eher folkloristischen Charakter.

Einer der bedeutendsten Schriftsteller Chinas im 20. Jahrhundert, Lao She (1899–1966), war Mandschure. In einigen seiner Werke hat er den Untergang seiner Welt literarisch aufgegriffen.

Pu Yi – der letzte Kaiser

Er war eine tragische Figur. Trotz einer geradezu unbegrenzten Machtfülle, die dem Kaiser von China zufiel, war der letzte Vertreter zeitlebens kaum mehr als eine Marionette anderer Mächte. Da war zunächst die berühmt-berüchtigte Kaiserwitwe Cixi (Tze Hsi), eine entfernte Verwandte von Pu Yi, die 47 Jahre lang die Geschicke des Kaiserreiches aus dem Hintergrund →

lenkte. Sie setzte den Jungen als Thronfolger durch, obwohl er eigentlich nur ein Prinz an dem großen mandschurischen Hof in der Verbotenen Stadt war, aber kein Thronfolger. Bei seiner Inthronisierung 1908 war er gerade zwei Jahre alt. Bereits vier Jahre später wurde er von den bürgerlichen Revolutionären um Sun Yatsen gezwungen, sein Amt niederzulegen, doch durfte er bis 1924 mit all seinen Privilegien im Palast leben. In der Zeit heiratete er zwei Frauen.

Danach begab er sich in die Obhut der Japaner und wurde zu einer Schlüsselfigur beim Versuch des expansiven Nachbarn, China zu spalten. Die Japaner erhoben Pu Yi zum Präsidenten ihres Vasallenstaates Mandschukuo, was ein prachtvoll inszeniertes, jedoch völlig machtloses Amt war. Nach der Niederlage der Japaner geriet Pu Yi zunächst in sowjetische Kriegsgefangenschaft, doch Stalin hatte wenig Verwendung für ihn. Nach dem Sieg der Volksbefreiungsarmee in China lieferte er ihn an Mao aus. Somit folgten für den Kaiser weitere Jahre in Haft, bis ihn Mao schließlich 1959 begnadigte. Fünf Jahre später wurde er sogar in die politische Konsultativkonferenz des chinesischen Volkes gewählt. Auch dies stand in der Tradition seines Lebens, es war eine ehrenvolle, aber keine einflussreiche Position. In seinen letzten Lebensjahren arbeitete er als Gärtner sowie als Archivar im Institut für Geschichte an der Universität Peking. Eine Autobiographie blieb unvollendet, denn er starb 61-jährig am 17. Oktober 1967 an Nierenkrebs.

Xibe (Xibo)

Eng verwandt mit den Mandschuren sind die knapp 200 000 Xibe, doch deren Machtstreben während der Qing-Dynastie bedeutete für die Xibe eine Tragödie. Um den Herrschaftsbereich im Westen abzusichern, befahl der Kaiser mehreren tausend Xibe-Soldaten mit ihren Familienangehörigen, nach Sinkiang umzusiedeln. Nach einem 17-monatigen Marsch, den viele nicht überlebten, kamen sie dort an. Noch heute leben etwa 20 Prozent aller Xibe in Xinjiang, und ironischerweise hat sich ihre Identität dort am besten erhalten. Während die Xibe in ihrer nordostchinesischen Heimat ähnlich wie die Mandschuren weitgehend assimiliert sind, sprechen die in Sinkiang lebenden überwiegend noch ihre eigene Sprache, einen mandschurischen Dialekt. Eine eigene Schrift wurde 1947 in Anlehnung an das Mandschurische entwickelt. Im Alltag unterscheiden sich die Xibe im Westen wie im Osten wenig von ihrer Umgebung.

Ewenken

Die über 30 000 Ewenken gehören zu den Ureinwohnern Sibiriens, ihre Heimat ist die Gegend um den Baikal-See. Traditionell lebten sie als nomadische Jäger, Fischer und Rentierzüchter. Dabei wanderte ein Teil des Volkes nach Südosten durch die mongolische Steppe bis China. Die dortigen Ewenken siedelten zu 90 Prozent in der Inneren Mongolei, der Rest in der Provinz Heilongjiang. Linguistisch sind die Ewenken mit den Mandschuren verwandt, was eine gemeinsame sibirische Herkunft nahelegt.

Die heutigen Ewenken leben überwiegend im Gebiet der kreisfreien Stadt Hulun Buir im äußersten Nordosten der Inneren Mongolei. Dort wurden sie während der Qing-Dynastie als Grenztruppen angesiedelt. Kleine Gruppen überleben noch immer als Viehnomaden, insgesamt jedoch fand in den letzten Jahrzehnten eine rasche Assimilierung statt, die dadurch verstärkt wird, dass sie über keine eigene Schrift verfügen. Die Ewenken praktizieren unterschiedliche Religionen. Einige halten noch an der alten schamanistischen Tradition fest, bei der ein Feuer- und Bärenkult eine wichtige Rolle spielt. Andere folgen dem tibetischen Buddhismus, während sich eine Minderheit unter russischem Einfluss dem orthodoxen Christentum zugewandt hat.

Eine Abspaltung der Ewenken sind die etwa 9000 Oroqen, die in den 1950er-Jahren als eigenständige Nationalität anerkannt wurden.

Hezhe

Die kleine Gemeinschaft der Hezhe geht, ebenso wie die Mandschuren, auf die Jurchen zurück. Ihre Heimat sind die Flussufer im Nordosten der Provinz Heilongjiang nicht weit der russisch-sibirischen Grenze, einschließlich des Heilong (russ. Amur), des Grenzflusses. Traditionell unterscheidet sich ihre Kultur nicht von der der sibirischen Ureinwohner. Auch die Hezhe sind ein schriftloses Volk, heute benutzen sie für ihre Kommunikation die chinesische Schrift.

Bis ins 20. Jahrhundert hinein konnten sie ihre Tradition wahren, deren wirtschaftliche Basis der Fischfang war. Häufig wurde der Fisch roh gegessen. Die Jagd erweiterte das Nahrungsangebot. Schamanistische Naturreligionen gaben ihnen geistigen Halt. Besondere Plätze in der Natur wie Felsen oder alte Bäume dienten der Verehrung des Göttlichen.

Den großen Einbruch in die Gesellschaft der Hezhe bildete die japanische Invasion der Mandschurei 1931. Da sie schwer zu kontrollieren waren, wurden sie gnadenlos verfolgt. Nur 300 Hezhe haben nach offiziellen chinesischen Quellen die japanische Besetzung und den Bürgerkrieg überlebt.

Die Anerkennung als nationale Minderheit ungeachtet ihrer geringen Zahl bedeutet eine Aufwertung ihrer Gemeinschaft durch die Volksrepublik China, aber dennoch ist von den alten Traditionen kaum mehr etwas übrig geblieben. Die meisten Hezhe fristen ihr Dasein auf staatlichen Farmen, wo sie Getreide und Gemüse anbauen.

Die drei kleinen tungusischen ehemaligen Jägervölker der Ewenken, Oroqen und Hezhe zählen zu den besonders bedrohten nationalen Minderheiten in China. Neben historischen Tragödien wie der japanischen Besetzung oder der Kulturrevolution ist es vor allem die voranschreitende Industrialisierung, die ihren Lebensraum immer weiter einschränkt. Den zweifelhaften Fortschritt erkaufen sie durch Assimilierung, aber das ist noch nicht alles. Wie bei anderen indigenen Völkern, etwa den australischen Aborigines oder großen Teilen der nordamerikanischen Indianer, ist mit der «Zivilisation» der Alkohol in ihre Gemeinden eingezogen. Das führt zu einer allmählichen Zerrüttung der Strukturen, die dabei waren, sich von den Katastrophen langsam wieder zu erholen. Ob es eine Zukunft für diese Völker gibt, ist höchst fraglich.

XI. Koreaner (Chosen)

Für die Koreaner hat die chinesische Bürokratie nicht – wie bei Russen und Tadschiken – eine eigene Obergruppe geschaffen. Die knapp 2 Mio. Menschen leben hauptsächlich in den drei nordostchinesischen Provinzen Heilongjiang, Jilin und Liaoning. Sie verfügen über den Autonomen Bezirk Yanbian sowie den Autonomen Kreis Changbai. Dort hat sich die koreanische Sprache erhalten, während in den anderen Gebieten überwiegend Chinesisch gesprochen wird.

Die ersten Koreaner sind Mitte des 17. Jahrhunderts, am Ende der Ming-Dynastie beziehungsweise am Anfang der Qing-Dynastie, nach China eingewandert. Sie gingen damit den Weg ihrer Vorfahren zurück, die vor Tausenden von Jahren vom chinesischen Festland aus die koreanische Halbinsel besiedelt hatten. Die friedliche Migration zog sich bis zum Ende des 19. Jahrhunderts hin. Damals siedelten knapp 40 000 Koreaner in China. 1910 annektierte Japan Korea, und es kam zu einer weiteren Fluchtbewegung vieler koreanischer Bauern nach Nordostchina. Ihre Zahl stieg schnell auf das Zehnfache. Als Japan 20 Jahre später auch in China einfiel, unterstützten viele Koreaner die Chinesen im Kampf gegen die Besatzer ihrer Heimat.

Die «chinesischen» Koreaner leben von der Landwirtschaft, Viehzucht, Forstwirtschaft und dem Fischfang. Besonders bekannt wurden sie für ihre Fähigkeit, Nassreisanbau im kalten chinesischen Nordosten zu betreiben. Darüber hinaus sind Ginseng, Hirschgeweih und Marderfelle begehrte Produkte aus dem Waldgebiet Changbaishan. Sie gelten als die «Drei Schätze des Nordostens», aber auch guter Tabak kommt von dort. Seit der Gründung der Volksrepublik wurden große Gebiete systematisch industrialisiert, auch die Infrastruktur verbesserte sich.

Die meisten Koreaner sind zweisprachig und gut in die chinesische Gesellschaft integriert. Als anerkannte nationale Minderheit stehen ihnen gute Bildungsmöglichkeiten innerhalb des Systems zur Verfügung.

Gegenüber neuen Flüchtlingen zeigen sich die Behörden jedoch unnachgiebig. Wenn es Nord-Koreanern gelingt, ihr stalinistisch regiertes und hermetisches abgeriegeltes Land zu verlassen, werden sie meistens zurückgeschickt. Der KP ist die moderne Fluchtbewegung ein Dorn im Auge, weil China der wichtigste Verbündete Nordkoreas ist.

Der Südosten

XII. She

Die knapp über 700 000 She zählen ethnisch und linguistisch zu den Miao-Yao-Völkern im Südwesten Chinas. Sie sind jedoch im Laufe von Jahrhunderten Richtung Osten gezogen und besiedeln heute ein Gebiet, in dem keine andere der offiziell anerkannten nationalen Minderheiten die Eroberungszüge der chinesischen Kaiser überlebt hat: die Bergregionen der Provinzen Fujian und Zhejiang an der Südostküste Chinas. Dass es die She als eigenständige Gruppe noch gibt, ist überhaupt bemerkenswert, denn sie siedeln traditionell in kleinen Gemeinschaften weit entfernt voneinander.

Um sich den äußeren Bedingungen anzupassen, ist das Chinesische inzwischen zu ihrer Umgangssprache geworden, obwohl sie über eine eigene Sprache verfügen. Ihre Lebensgrundlage bildet die Landwirtschaft, wozu auch der Anbau von Tee gehört. Darüber hinaus betreiben sie kommerziellen Holzeinschlag, der Devisen in ihre Gemeinden bringt.

Die Religion der She basiert auf animistischen Vorstellungen und ist zudem stark vom Ahnenkult geprägt.

Streuminorität ohne
geografische Zuordnung

XIII. Hui

Bei den Hui handelt es sich um ethnische Chinesen, die im Laufe der Jahrhunderte zum Islam konvertiert sind und für die der Glaube ein wichtiges Merkmal ihrer Identität ist. Als einzige religiös definierte Gruppe haben sie den Status einer Nationalität erhalten.

Die ersten islamischen Spuren in China gehen ins 7. Jahrhundert zurück, als arabische, später auch persische Kaufleute und Seefahrer im Reich der Mitte auftauchten. Viele blieben im Land, heirateten chinesische Frauen, übernahmen die chinesische Sprache und chinesische Namen, bestanden jedoch darauf, dass die gemeinsamen Kinder in der islamischen Tradition erzogen wurden. Das waren die Vorläufer der heutigen Hui.

Daneben bekehrten sich ganze ethnische Gruppen, die unter chinesischem Einfluss lebten – vor allem die Turkvölker – zum Glauben des Propheten.

Zur Herausbildung der Hui-Identität trug vor allem die mongolische Yuan-Dynastie bei. Beim Siegeszug der Mongolen beherrschten islamische Fürsten persischer oder arabischer Abstammung bereits ein Gebiet von Nordafrika bis Zentralasien. Der islamische Anspruch der «Umma», der «Gemeinschaft aller Gläubigen», unabhängig von der ethnischen Abstammung, tat ein Übrigens, um die Zusammengehörigkeit zu stärken.

Verbreitung des Glaubens

Die Mongolenherrschaft unterbrach diese im religiösen Sinn homogene Einheit. Zum Islam konvertierte Chinesen waren von ihren Glaubensbrüdern im Westen abgeschnitten und schufen sich deshalb eine eigene Identität. Dabei kam ihnen ein machtpolitisches Kalkül der Mongolen sehr entgegen: Die Mongolen wurden von den Han als Fremdherrscher betrachtet und unternahmen alles, um die soziale

Kluft zu vertiefen (siehe Seite 128). Ihr Gefühl der Überlegenheit, aber auch ihr tief sitzendes Misstrauen gegenüber den Han erlaubten es ihnen nicht, Angehörige der Mehrheitsbevölkerung in die Verwaltung einzubinden, nicht einmal in unteren Bereichen. Diese Lücke füllten Moslems aus. Dabei waren islamische Chinesen ebenso willkommen wie uigurische, arabische oder persische Migranten. Sowohl im chinesischen Kernland wie in den eroberten Gebieten im Süden und Südwesten wurden gezielt islamische Beamte eingesetzt. Auch Soldaten und Händler wurden zur Festigung des Großreiches benötigt, und diese Positionen übertrugen die Mongolen, wenn möglich, ebenfalls den Moslems. Die Stellungen waren mit großen Privilegien verbunden, und die so Begünstigten wurden zunächst als Huihui bezeichnet, woraus sich der Begriff Hui ergab. In der Volksrepublik selbst werden sie Huizu genannt, Angehörige des «Hui-Volkes».

Mit dem Sturz der Mongolen verschlechterte sich die Position der Hui, doch sie hatten sich in den knapp 100 Jahren der Mongolenherrschaft über das ganze Land verstreut und waren als Machtfaktor aus China nicht mehr wegzudenken.

Seit 1958 verfügen sie über ein Autonomes Gebiet Hui Ningxia im Norden des Landes, wo viele von ihnen leben. Das Territorium war zuvor Teil der Provinz Gansu. Allerdings stellen sie dort insgesamt nur 35 Prozent der Bevölkerung.

Das Umma-Bewusstsein blieb erhalten und sorgte für eine große Solidarität über die räumlichen Grenzen hinweg. Dazu kam ein großer Pragmatismus, der es den Hui ermöglichte, sich überall, wo der Mongolenhof sie hingestellt hatte, das Beste aus der Situation zu machen. Das soziale und wirtschaftliche Spektrum der Hui war deshalb bald ähnlich weit gefächert wie das der chinesischen Gesellschaft. Sie lebten als Bauern und Handwerker, als Kaufleute und Künstler. Da sie sich außer in ihrer religiösen Praxis nicht von der Mehrheitsbevölkerung unterschieden, geriet ihre Rolle während der Yuan-Dynastie rasch in Vergessenheit. Das Verhältnis zwischen Han und Hui ist seit Jahrhunderten weitgehend konfliktfrei. Allein während der Qing Dynastie gab es einige Spannungen, die bis zu kriegerischen Auseinandersetzungen führten. Die vom Konfuzianismus geprägten Mandschu-Herrscher versuchten den islamischen Einfluss zurückzudrängen.

Mädchen der Hui-Nationalität
Foto: Roland Prior

Davon abgesehen übernahmen Hui in allen Epochen wichtige gesellschaftliche Aufgaben. Nur in Zeiten der allgemeinen Intoleranz wie der Kulturrevolution wurden sie zum Opfer von Verfolgung und Zerstörung. In den 1960er-Jahren wurden alle Moscheen geschlossen, viele zerstört und manche in besonders extremen Fällen sogar in Schweineställe umgewandelt.

Zu den Kennzeichen der Liberalisierung seit den 1980er-Jahren zählt die Möglichkeit, wieder Pilgerreisen nach Mekka zu unternehmen, eine der fünf Säulen des Islam. Das wird jährlich von knapp 50 000 Personen in Anspruch genommen. 2001 initiierte die Regierung eine *China Islamic Association*, die von 16 religiösen Autoritäten geführt wird. Ihnen obliegt die «korrekte und autorisierte» Interpretation der heiligen Schrift. Dass es sich dabei um regierungstreue Imame handelt, liegt auf der Hand. Der scheinbar liberale Schritt beinhaltet also eine Kontrollfunktion.

Die vom Staat garantierten Privilegien der Hui

- Schweinezucht ist in den Gebieten, in denen Hui die Mehrheit bilden, grundsätzlich verboten.
- Die Eheschließung kann von einem Imam vollzogen werden.
- Den Hui stehen eigene Friedhöfe zur Verfügung.
- Die Hui brauchen an islamischen Feiertagen nicht zur Arbeit zu gehen.
- Die Pilgerfahrt nach Mekka (Hadsch) ist den Hui erlaubt.

Wie sehr sich die Staatsführung um das Wohlwollen der Hui bemüht, zeigte das chinesische Neujahrsfest vom 18. Februar 2007. Damals begann das Jahr des Schweines. Das Schwein ist eines der zwölf Symbole des chinesischen Tierkreises, es steht für Genuss, Ästhetik und Lebensfreude. Gewöhnlich wird das Zeichen des beginnenden Jahres in mannigfaltigen Varianten öffentlich zur Schau gestellt und gefeiert. In dem Jahr rief Staatspräsident Hu Jintao seine Landsleute persönlich dazu auf, das Symbol des Schweines nicht öffentlich zur Schau zu stellen, um die Gefühle der moslemischen Bevölkerung nicht zu verletzen.

Heute werden Hui gezielt nach Tibet umgesiedelt, um die widerspenstige Provinz zu sinisieren, denn sie ertragen die schwierigen Lebensbedingungen auf einer Höhe von mindestens 3600 Metern weit besser als die Han.

In ihrer Loyalität gegenüber dem chinesischen Staat unterscheiden sich die Hui grundlegend von den islamischen Uiguren, einem Turkvolk im Nordwesten des Landes, das nach mehr Eigenständigkeit strebt.

5. Kapitel

Die Renaissance des Glaubens

Die religiösen Gemeinschaften in China

Die religiösen Gemeinschaften – insbesondere wenn sie ihren Ursprung nicht in Asien haben – zählen zu dem «anderen China». Sie leisten ihren Beitrag zur Vielfalt der Traditionen in einem Land, das von außen häufig als homogener Block wahrgenommen wird. Der Umgang mit ihnen ist widersprüchlich und hängt nicht zuletzt von der Loyalität der einzelnen Gruppen ab.

In China ist nicht eindeutig geklärt, wer als Religionsgemeinschaft gilt und wie viele Menschen diesen Gemeinschaften angehören. Die Statistiken weisen zumeist nur zwischen 10 und 20 Prozent der Bevölkerung als Angehörige einer Religion aus.[41]

Seit Neuestem geben jedoch selbst staatliche Institutionen höhere Werte an. Nach einer aktuellen Untersuchung der Universität Shanghai, die von der offiziellen Nachrichtenagentur Xinhua verbreitet wurde, sollen sich 300–400 Mio. Chinesen zu einer Religion bekennen, also etwa 30 Prozent. Von ihnen wiederum gehören zwei Drittel den fünf Weltreligionen an, die in China offiziell anerkannt sind: Buddhismus, Daoismus, Katholizismus, Protestantismus und Islam.[42] Im chinesischen Sprachgebrauch wird der Protestantismus häufig als «Christentum» bezeichnet, was aber auf einen Übersetzungsfehler zurückgeht. Der offizielle Begriff lautet «jidu jiaotang», wörtlich «Kirche Jesu Christi» oder «Christuskirche». Das wurde als «Christentum» wiedergegeben, in Unkenntnis der Behörden, dass der Begriff übergreifend für alle christlichen Konfessionen gilt.

Die Kommunistische Partei zeigt sich inzwischen liberal und schreibt in Artikel 36 der Verfassung fest:

«Die Bürger der Volksrepublik China genießen die Glaubensfreiheit. Kein Staatsorgan, keine gesellschaftliche Organisation und keine

Einzelperson darf Bürger dazu zwingen, sich zu einer Religion zu be-
kennen oder nicht zu bekennen, noch dürfen sie jene Bürger benach-
teiligen, die sich zu einer Religion bekennen oder nicht bekennen. Der
Staat schützt normale religiöse Tätigkeiten. Niemand darf eine Reli-
gion dazu benutzen, Aktivitäten durchzuführen, die die öffentliche
Ordnung stören, die körperliche Gesundheit von Bürgern schädigen
oder das Erziehungssystem des Staates beeinträchtigen. Die religiösen
Organisationen und Angelegenheiten dürfen von keiner ausländi-
schen Kraft beherrscht werden.»

Die Grenzen liegen dort, wo der Machtanspruch der Kommunistischen Partei beginnt. Das staatliche «Amt für religiöse Angelegenheiten» kontrolliert die Aktivitäten der Religionsgemeinschaften und
schreitet ein, wann immer es nach eigenem Ermessen nötig erscheint.

Als einzige religiöse Gruppe werden die chinesischen Moslems, die
Hui, zu den 55 nationalen Minderheiten gezählt. Für Christen und
Juden gilt dieses Privileg nicht; für Daoisten und Buddhisten wäre es
wenig sinnvoll, denn sie betrachten sich in erster Linie als Chinesen.
Zudem sind die Grenzen zwischen den Religionen asiatischen Ur-
sprungs fließend. Es ist in weiten Teilen Ostasiens durchaus üblich, in
Tempeln verschiedener Religionen zu beten und zu opfern; schaden
wird es schon nicht. Der sprichwörtliche Pragmatismus schließt den
religiösen Alltag mit ein. Weit verbreitet, wenn auch vom Staat nicht
toleriert, ist die alte chinesische Volksreligion.

Grenzfall Konfuzianismus

Die relativ schwache Verbundenheit der chinesischen Bevölkerung
mit religiösen Institutionen geht nicht allein auf die atheistische Erziehung zurück, der die Menschen nach der Machtübernahme der KP
für Jahrzehnte ausgesetzt waren. Sie hängt mehr noch mit dem Konfuzianismus zusammen. Er ist die populärste und am weitesten verbreitete Lehre in China, doch ist umstritten, ob er als Religion betrachtet werden kann. In der Volksrepublik China ist das offiziell
nicht der Fall, und deshalb taucht der Konfuzianismus in den Statistiken über die religiöse Zugehörigkeit nicht auf. In Südkorea dagegen
ist der Konfuzianismus als Religion anerkannt. Im Alltag der Praktizierenden spielt es letztlich keine große Rolle, wie die Regierung die
Lehre klassifiziert.

Beim Konfuzianismus handelt es sich in erster Linie um eine Moral- und Sittenlehre, die den einzelnen, die Familie sowie die staatliche Gemeinschaft umfasst. Zu transzendenten Fragen wie dem Ursprung des Lebens und dem Leben nach dem Tod hat sich der Gründer Konfuzius (eigentlich Kong Qiu, 551–479 v. Chr.) nicht geäußert. Konfuzius strebte nach Harmonie im Kosmos, wofür letztlich der Mensch mit dem, was er tut und unterlässt, verantwortlich ist. Das Bemühen um kosmische Harmonie sei eine religiöse Frage, argumentieren diejenigen, die im Konfuzianismus mehr als nur eine Sittenlehre sehen. Diese Harmonie kommt zustande, wenn alle Menschen gemäß ihrem Platz und ihrer Aufgabe leben. Konfuzius nennt fünf grundlegende Beziehungen: zwischen Herrscher und Untertan, Vater und Sohn, Älterem und Jüngerem, Mann und Frau, Freund und Freund.

Alles hängt mit allem zusammen und baut aufeinander auf: Harmonie in der Familie führt zu Harmonie im Dorf. Harmonie im Dorf führt zu Harmonie in der Provinz. Harmonie in der Provinz führt zu Harmonie im Reich. Harmonie im Reich führt zu Harmonie im Kosmos, so Konfuzius' Hierarchie der Harmonien.

Er fordert auf allen Ebenen klare Hierarchien, in die jeder hineingeboren wird und aus denen niemand ausbrechen kann. Dennoch kann der Konfuzianismus nicht dazu benutzt werden, um willkürliche Herrschaft und Gewalt zu rechtfertigen. Die Höherstehenden tragen die größte Verantwortung für die Harmonie, und sie müssen die mit ihrer Stellung verbundenen Pflichten erfüllen.

Die fünf grundlegenden Tugenden des Konfuzius

– Menschlichkeit
– Rechtschaffenheit
– Gewissenhaftigkeit
– Ehrlichkeit
– Gegenseitigkeit

Nach Konfuzius' Tod bauten seine Anhänger Tempel, um ihn zu verehren, was auch ein Grund ist, den Konfuzianismus bisweilen als Religion anzusehen.

Zur Zeit des Konfuzius und in den Jahrhunderten danach gab es zahlreiche weise Männer, die den Menschen grundlegende Lehren in Moral, Sitte und kosmischer Harmonie vermittelten. Die meisten von ihnen sind heute in Vergessenheit geraten. Zu den bedeutendsten zählten Mengzi, Xunzi, Mozi und Li Si.

Die Volksreligion (Shenjiao)

Hierbei handelt es sich um eine höchst heterogene Tradition, für die noch nicht einmal der Name Shenjiao («Geister») allgemeingültig ist. Es gibt keine verbindliche Lehrmeinung, keine religiöse Hierarchie, keine Struktur, keine Organisation, keinen Klerus. Verbreitet ist ein weit verzweigtes göttliches Pantheon, dessen Götter und Göttinnen verschiedenen Traditionen entspringen. Häufig handelt es sich um Naturgottheiten oder Ahnen, die regional höchst unterschiedliche Formen annehmen. Auch Elemente des Buddhismus, Daoismus und Konfuzianismus haben Eingang in die Praxis der Volksreligion gefunden. Bemerkenswert ist zudem, dass in manchen Traditionen historische Persönlichkeiten zu den Ahnen hinzugerechnet werden.

Der Schwerpunkt der Volksreligion liegt im Süden, und ihr geht es um sehr alltägliche, konkrete Anliegen. Zum Neujahrsfest werden Bilder mit mythologischen Figuren oder Göttern an die Türen geklebt, um deren Schutz zu erbitten. Die Ahnen-Götter werden auch angerufen, um Unterstützung bei einer großen Unternehmung, etwa einer Abschlussprüfung, einer Firmengründung, bei einem gesundheitlichen Problem oder einer Reise zu erbitten. Erfüllt sich der

Wunsch, wird eine Gegenleistung erwartet. Räucherstäbchen sind der wichtigste Ritualgegenstand bei den Opferungen und Gebeten.

Die Volksreligion wird von der Regierung nicht anerkannt, da sie darin «abergläubische Rituale» sieht. Schwerer wiegt jedoch, dass die Bewegung aufgrund ihrer dezentralen Struktur kaum zu kontrollieren ist. Trotz großer Verfolgungen konnte die Volksreligion bis heute nicht ausgerottet werden, da sie sich durch ihre unorganisierte Praxis dem staatlichen Zugriff leicht entziehen kann.

Der Daoismus

Der Daoismus (auch Taoismus) ist eine genuin chinesische Lehre, die seit etwa 2500 Jahren Einfluss auf die Gesellschaft ausübt. Allerdings stand der Daoismus bezogen auf die Zahl seiner Anhänger zumeist im Schatten des Konfuzianismus, der zur gleichen Zeit entstanden ist.

Die Lehre geht zurück auf den Weisen Laotse (Laozi), der vermutlich im 6. vorchristlichen Jahrhundert gelebt hat. Seine historische Existenz ist allerdings umstritten, wie vieles an der Lehre zunächst uneindeutig erscheint. Das beginnt schon mit der Übersetzung des Wortes Dao: Es gibt die Varianten «Weg», «Energie» und «Tugend».

Für seine Anhänger gilt Laotse als Inkarnation des Dao, des Weges, im Sinne der kosmischen Ordnung oder auch als die in der Welt wirkende Kraft. Sie offenbart sich durch das ständige Werden und Vergehen. Aus der Tradition stammt das auch in der westlichen Welt bekannte Yin-Yang-Symbol. Es drückt aus, dass alles in allem enthalten ist und steht im schroffen Gegensatz zu dem polaren Denken der abendländischen Welt.

Grundweisheiten des Daoismus

Das Dao, was genannt werden kann, ist nicht das ewige Dao.
Der Weg, der gewiesen werden kann, ist nicht der ewige Weg.
Der Name, der benannt werden kann, ist nicht der ewige Name.
Das Namenlose ist der Ursprung des Universums.
Das Benannte ist die Mutter aller (irdischen) Dinge.

(Laotse Daodejing, 1. Kapitel)

Der Daoismus lehrt die Menschen, sich dem Dao durch Wu Wei anzupassen. Das wird zumeist mit «Nicht-Handeln» übersetzt, meint aber «nicht gegen den natürlichen Lauf der Dinge handeln». Handeln im Einklang mit dem Dao erkennt man daran, dass es leicht und fließend vollzogen wird. Weise ist, wer im Einklang und Einvernehmen mit dem kosmischen Prinzip lebt und das Werden und Vergehen annimmt, ohne zu werten und ohne sich gegen unerwünschte Ereignisse zu wehren. Aber auch wenn sich Wünsche erfüllen, sollte dies ohne übertriebene Emotionen angenommen werden.

Der Daoismus verfügt über eine heilige Schrift – Laotses Buch «Daodejing» («Vom Weg und der Tugend») –, über Klöster und Priester. Im Gegensatz zu den meisten asiatischen Traditionen spielen Frauen im Daoismus eine wichtige Rolle. Es gibt zahlreiche Nonnenklöster.

Unter den anerkannten Religionsgemeinschaften hat der Daoismus die meisten Elemente der Volksreligion übernommen. Dies führte dazu, dass er sich in zwei Richtungen entwickelt hat. Die reine Lehre wird von Gläubigen praktiziert, die auf Karriere, Anerkennung und materielle Güter verzichten und sich aus dem gesellschaftlichen Leben zurückziehen, um sich ganz dem Dao hingeben zu können. Das Ideal des Einsiedlers genießt in der daoistischen Tradition eine hohe Wertschätzung. Die so Praktizierenden sind sehr angesehen und werden um Rat in allen Lebenslagen gefragt – sofern sie sich noch auf derartig irdische Bedürfnisse einlassen.

In der Volksfrömmigkeit hingegen übernahm der Daoismus viel von den Traditionen, die er bei seiner Verbreitung vorfand: Durch die Beschwörung von Geistern und Dämonen, durch Opferungen und Anbetungen sowie durch die Verehrung der Ahnen sollen die jenseitigen Mächte gnädig gestimmt werden. Dieser Alltags-Daoismus hat immer wieder militante Bewegungen inspiriert, wie die Gelben Turbane, die im späten 2. Jahrhundert, am Ende der Han-Dynastie, soziale Revolten gegen Großgrundbesitzer und den kaiserlichen Hof anzettelten; den Weißen Lotus, der im 19. Jahrhundert Bauernaufstände gegen die Qing-Dynastie organisierte, oder der im Westen häufig fälschlicherweise als Boxer bezeichnete Geheimbund. Er nannte sich selbst «in Rechtschaffenheit vereinigte Milizen» und hat 1900/01 vergeblich versucht, die kolonialen Mächte einschließlich Japan zu vertreiben.

Mit dem von Laotse geforderten Wu Wei hat diese Tradition nicht mehr viel gemein. Im Alltag sind die Übergänge zwischen beiden fließend.

Im Laufe der Geschichte entstand häufig eine starke Konkurrenz zwischen dem Daoismus und dem Konfuzianismus um die Gunst des Kaisers und die damit verbundenen Privilegien. Die jeweils unterlegene Lehre sah sich bisweilen Verfolgungen ausgesetzt. Unter der Sui-, Tang- und Ming-Dynastie erlebte der Daoismus seine größte Blütezeit. Die Qing-Dynastie, die unter dem Einfluss des Konfuzianismus stand, drängte ihn zurück.

Während der Kulturrevolution wurden alle daoistischen Tempel und Klöster geschlossen, viele zerstört. Davon erholt sich die Religion nur langsam wieder.

Genaue Zahlen über die Anhänger des Daoismus gibt es nicht, weil es keinen formellen Akt des Beitritts gibt. Die Mindestzahl wird mit 30 Mio. angegeben,[43] tatsächlich dürfte sie jedoch ein Vielfaches höher liegen.

Der Buddhismus

Der Buddhismus kam im ersten nachchristlichen Jahrhundert nach China, wo sich eine eigene Tradition entwickelte, der Chan-Buddhismus, in Europa vor allem als Zen-Buddhismus bekannt. Von China aus verbreitete er sich weiter nach Vietnam, Korea und Japan.

Der Buddhismus entstammt der hinduistischen Tradition und lehrt den Ausgang aus dem Kreislauf der Wiedergeburten, der als leidvoll erlebt wird und überwunden werden muss. Seine Substanz ist die Lehre von den vier edlen Wahrheiten, die Buddha mit dem Zustand seiner Erleuchtung unter einem Bodhi-(Feigen-)baum offenbart wurde:

1. *Edle Wahrheit vom Wesen des Leidens:*
   Alles Leben ist dem Leiden unterworfen.
2. *Edle Wahrheit von der Ursache des Leidens:*
   Das Leiden resultiert aus den drei menschlichen Grundübeln Gier, Hass und Unwissenheit.

3. *Edle Wahrheit von der Befreiung:*
Der Mensch kann sich selbst aus dem Leid befreien, wenn er alle Bedürfnisse und alles Begehren ablegt.
4. *Edle Wahrheit vom Weg zur Befreiung:*
Der edle achtgliedrige Pfad zeigt den Weg zur Befreiung von Leid, den Eingang ins Nirwana.

Etwa um die Zeitenwende teilte sich der Buddhismus in zwei Hauptlinien, den Hinayana (Theravada) und Mahayana. Bei der ersten steht der individuelle Weg zur Erleuchtung im Mittelpunkt. Sie ist vor allem in Südasien verbreitet. Bei der zweiten geht es auch um die Erleuchtung aller Lebewesen. Meister als Vermittler der Lehre, aber auch Werke der Barmherzigkeit spielen eine wichtige Rolle.

In China verbreitete sich der Mahayana-Buddhismus und nahm Elemente des Konfuzianismus und Daoismus auf. Das Ergebnis dieser synkretistischen Entwicklung ist der Chan-Buddhismus. Während die indische Tradition den stufenweisen Weg zur Vollkommenheit lehrt, vertraut der Chan-Buddhismus auf die plötzliche Erleuchtung. Um dorthin zu gelangen, setzt er auf das direkte Verhältnis von Lehrer zu Schüler sowie die eigene intensive Meditationspraxis, während das Studium der Schriften keine so wichtige Rolle spielt. Dadurch gilt er als strenge Schule. Wirkliche Erkenntnis ist nur durch konkrete eigene Erfahrungen möglich. Alle Schriften und Kommentare enthalten nur die Erfahrung anderer.

Aus der Tradition des Chan-Buddhismus stammt der berühmte Satz: «Wenn ihr einem Buddha begegnet, tötet den Buddha.» Das ist kein Aufruf zur Gewalt, sondern die Mahnung, äußere Autoritäten abzulehnen, selbst wenn es sich um die höchsten handelt. Auch sie können den Weg zur Erleuchtung nicht beschleunigen.

Dennoch schaltet auch der Chan-Buddhismus den Intellekt nicht aus; er fordert ihn nur auf andere Weise. Um die Illusion allen Seins zu erkennen, muss sich der Praktizierende paradoxen, irrationalen und sich scheinbar widersprechenden Aussagen stellen. Aus der Tradition des Chan-Buddhismus stammen die Gong'ans, besser bekannt unter ihrer japanischen Bezeichnung Koans. Dabei handelt es sich um kurze Lehrsätze oder Fragen, die mit der vertrauten, rationalen Logik nicht zu erklären sind.

> ### *Beliebte Koans des Chan-Buddhismus*
>
> Wie klingt Klatschen mit einer Hand?
>
> Am Beispiel erläutert ist es so, als ob eine große Kuh durch ein vergittertes Fenster ginge. Hörner, Kopf und die vier Beine sind schon durch. Warum kann ihr Schwanz nicht auch noch durchkommen?
>
> Ein Mann fragte Tozan: «Was ist Buddha?» Tozan antwortete: «Masagin» (Drei Pfund Flachs)
>
> Frage: «Wer ist Buddha?» Antwort: «Wer bist du?»

In dieser Tradition zeigt sich deutlich der Einfluss des Daoismus und seiner Lehre von Yin-Yang: Alles ist in allem, und das Widersprüchliche, Irrationale ist ebenso existent wie das Rationale, Logische – oder ebenso nicht-existent.

Neben dem Chan-Buddhismus gibt es noch zwei weitere Traditionslinien, die nicht durch die Ausbreitung des Glaubens, sondern durch die Expansion des Kaiserreiches zur Volksrepublik China gehören: Im äußersten Süden und Südwesten leben Thai- und austrische Völker, die den Hinayana-Buddhismus praktizieren. In Tibet herrscht der Vajrayana-Buddhismus vor, ein Zweig des Mahayana, der direkt aus Indien stammt und sich im späten 8. Jahrhundert gegen den zunächst auch auf dem Dach der Welt verbreiteten Chan-Buddhismus durchgesetzt hat.

Seine größte Blüte erlebte der chinesische Buddhismus während der Tang- und Song-Dynastie. In Zeiten, in denen nationaler Chauvinismus zur Legitimation der Herrschaft herangezogen wurde, wurde der Buddhismus häufig als «Fremdreligion» gebrandmarkt und verfolgt. Dies Schicksal ereilte die Lehre Buddhas auch nach der Gründung der Volksrepublik. Schon bevor der Vernichtungsfeldzug der Kulturrevolution durch das Land fegte, wurde der Buddhismus Opfer staatlicher Verfolgung. Tausende buddhistischer Klöster wurden in den 1950er- und 1960er-Jahren geschlossen, Mönche und Nonnen gezwungen, ihren Habit und ihr Gelübde aufzugeben. Erst seit den 1980er-Jahren konnten die zerstörten Tempel und Klöster wieder aufgebaut werden. Inzwischen ist der Buddhismus Teil des öffentlichen Lebens, allerdings untersteht die Gemeinschaft, wie alle anderen, dem staatlichen Amt für Religionswesen. Die Zahl der Buddhisten in China hat die 100-Mio.-Grenze deutlich überschritten.

Konfuzianismus, Daoismus und Buddhismus gelten als die drei spirituellen Säulen oder auch «die drei Lehren».

Falun Gong (Falun Dafa)

Bei dem Thema «Religionsverfolgung in China» denken weltweit viele zunächst an die Falun-Gong-Bewegung, die sich selbst Falun Dafa nennt. Sie hat unter der Willkür und Brutalität der KP in der Tat sehr zu leiden, aber sie ist auch international gut vernetzt, so dass ihre Mitglieder außerhalb Chinas die Verfolgung ins öffentliche Bewusstsein bringen und anprangern können.

Dabei ist Falun Gong seinem Ursprung nach eine Bewegung aus der chinesischen Tradition, die sich in dieser Form allerdings erst Ende des 20. Jahrhunderts konstituiert hat. Sie geht zurück auf Li Hongzhi aus Gongzhuling in der Provinz Jilin. Obwohl es sich um eine Person der Zeitgeschichte handelt, sind die Informationen über ihn widersprüchlich. Das beginnt mit seiner Geburt, für die es zwei Daten gibt, den 7. Juli 1952 (laut chinesischer Angabe) und den 13. Mai 1951 (laut eigener Darstellung).

Unbestritten ist, dass er in den 1990er-Jahren als Praktizierender des Qi Gong auftrat, einer alten Meditations- und Konzentrationstechnik aus der daoistischen Tradition. Auf der Basis stellte Li Hongzhi am 13. Mai 1992 erstmals die Lehre von Falun Gong der Öffentlichkeit vor. Drei Jahre später erschien sein Hauptwerk «Zhuan Falun». Li Hongzhi bezeichnet die Bewegung als unpolitisch. Mit seinen Aktivitäten will er den alten Traditionen der Geistesschulung eine neue Bedeutung geben und nicht zuletzt dem Verfall der öffentlichen Moral entgegentreten. Immer wieder verweist er darauf, dass derartige Methoden zur Veredelung von Körper und Geist seit Jahrtausenden in China zum Alltag gehören.

Die Falun-Gong-Bewegung verzeichnete einen erheblichen Zulauf. Da sie sich außerhalb der Strukturen der Partei entwickelte, wurde sie den Machthabern rasch verdächtig. Noch bevor die eigentliche Repression begann, emigrierte Li Hongzhi 1996 in die USA.

1999 verbot die Regierung die Falun-Gong-Bewegung. Zu der Zeit gab es nach eigenen Angaben 70–100 Mio. Praktizierende, darunter zahlreiche Parteimitglieder und sonstige wichtige Personen des öffentlichen Lebens. Alle, die dennoch weiter praktizieren, sehen sich einer rücksichtslosen Verfolgung ausgesetzt. Falun Gong selbst spricht von 500 000 Anhängern, die in Arbeitslager deportiert wurden; 3000 sollen dem Terror zum Opfer gefallen sein. Noch lebenden Gefangenen würden Organe entnommen, um damit Geschäfte zu machen, ein Vorwurf, der von dem Juristen und ehemaligen kanadischen Staatssekretär für Asien und den Pazifik, David Kilgour, bestätigt wurde.[44] Ebenso hat der UN-Sonderberichterstatter für Folter, Manfred Nowak, derartige Berichte am 20. März 2007 bestätigt.

Der Islam

Die Religionen, die nicht aus dem asiatischen Kulturkreis stammen, werden heute ebenfalls toleriert, doch müssen sie sich jeder offenen Unterstützung von außen und jeder Aktivität, die dem Machtanspruch der Kommunistischen Partei zuwiderläuft, enthalten.

Der Islam kam Mitte des 7. nachchristlichen Jahrhunderts nur 18 Jahre nach Mohammeds Tod nach China. Der 3. Kalif Uthman ibn Affan sandte eine Delegation an den Hof der Tang-Dynastie, die dort freundschaftlich aufgenommen wurde. Aus der Zeit soll auch die erste Moschee des Landes stammen.

In der Folgezeit breitete sich der Islam mit friedlichen und kriegerischen Mitteln sehr rasch nach Osten und Westen aus. Die Begegnung mit dem chinesischen Kaiserreich verlief in zwei Richtungen. Während islamische Eroberer nach Zentralasien vordrangen und die dort existierenden buddhistischen Reiche vernichteten, weiteten die chinesischen Kaiser ihr Reich nach Westen aus und brachten damit Völker unter ihre Kontrolle, die den islamischen Glauben angenommen hatten.

Aus dieser Entwicklung ergibt sich, dass die islamischen Glaubensgemeinschaften wie keine andere Religion eng mit der nationalen Identität der entsprechenden Völker verbunden sind. Chinas Nordwesten ist fast vollständig islamisch – von den chinesischen Siedlern der letzten Jahrzehnte abgesehen. Die Uiguren, Kasachen, Kirgisen, Usbeken, Tataren und andere in Kapitel 4 aufgeführte Völker beken-

Friedhof der moslemischen Uiguren in Kashgar
Foto: Roland Prior

nen sich seit Jahrhunderten zur Lehre Mohammeds. Insgesamt befinden sich unter den 55 nationalen Minderheiten zehn mit islamischem Glauben. Dazu kommen die Hui, die chinesischen Moslems.

Seine größte Förderung erlebte der Islam unter der mongolischen Yuan-Dynastie, als Moslems aus dem vorderasiatischen Raum gezielt in der Verwaltung vor allem der neu eroberten Gebiete eingesetzt wurden. Die schwierigste Phase für die Moslems war die Qing-Dynastie, als die genuin chinesischen Traditionen besonders gefördert wurden.

Die Angaben über die Zahl der Moslems in China variieren zwischen 20[45] und 100 Mio.[46] Angehörigen. 45 000 Imame unterstützen sie in ihrer religiösen Praxis.[47]

Der Katholizismus

Ende 2007 verkündete ein Vatikansprecher, Papst Benedikt XVI. werde den Dalai Lama empfangen. Wie nicht anders zu erwarten, intervenierte die chinesische Regierung. Sie warnte den Papst davor, «die Gefühle des chinesischen Volkes zu verletzen» und «die territoriale Integrität Chinas infrage zu stellen». Kurze Zeit darauf sagte der Vatikan das Treffen wieder ab – angeblich aus Termingründen.

Tatsächlich jedoch sorgte sich der Papst um die Konsequenzen für die über 10 Mio. romtreuen Katholiken im Reich der Mitte, denen grundlegende Rechte vorenthalten werden. Den Ausgleich mit China zu suchen und ihre Lage zu verbessern, ist ein besonderes Anliegen des Papstes. Gleichzeitig ist bekannt, dass die chinesische Regierung äußerst ungehalten reagiert, wenn das tibetische Oberhaupt von prominenter Seite empfangen wird. Insofern konnte sich der Vatikan leicht ausmalen, dass eine solche Zusammenkunft keine positiven Auswirkungen auf die Katholiken haben würde. In der selbst verursachten Zwickmühle entschied sich der Papst für seine Gläubigen und verschaffte der chinesischen Führung damit einen Triumph, den sie ohne die Ankündigung des Treffens nicht verzeichnet hätte.

Der Katholizismus ist in der Volksrepublik eine offiziell anerkannte Religion, doch die Konzessionen der Gläubigen an die politische Macht sind groß – für die Kurie in Rom noch immer zu groß.

Wie im Fall des Islam gehen die Ursprünge des Katholizismus in China ins 7. Jahrhundert zurück, doch blieben es über lange Zeit nur sporadische Kontakte. Die mongolische Yuan-Dynastie intensivierte die Beziehungen zur Kurie in Rom, die 1294 ihre erste Kirche in Beijing errichtete und 14 Jahre später den ersten Erzbischof einsetzte, den Franziskaner Giovanni von Monte-Corvino. Damals soll es 6000 Katholiken in China gegeben haben.

Mit dem Untergang der Yuan-Dynastie verschlechterten sich die Bedingungen für die katholische Missionierung Chinas. Die Ming- und vor allem die Qing-Kaiser waren dagegen an einem Austausch mit europäischen Gelehrten, Künstlern und Wissenschaftlern interessiert.

Der China-Missionar Matteo Ricci

Der italienische Jesuit und Gelehrte Matteo Ricci (1552–1610) gilt als der bedeutendste China-Missionar. Mit 30 Jahren betrat er das Reich der Mitte, das fortan für ihn der Mittelpunkt seines Lebens war. Er ließ sich zu- →

nächst im Süden des Landes nieder und siedelte später nach Nanjing um. Rasch erlernte Ricci die chinesische Sprache und Schrift. Sechs Jahre nach seiner Ankunft übernahm er die Leitung der Jesuiten-Mission. Er unterhielt enge Kontakte zu den einflussreichen Konfuzianern, doch blieb ihm Beijing zunächst verschlossen, da die Ming-Kaiser sich gegenüber ausländischen Einflüssen allgemein nicht sehr offen zeigten.

Ricci verfügte über eine umfassende humanistische Bildung. Bedeutende philosophische, naturwissenschaftliche und mathematische Werke der Antike, von Cicero und Euklid, übersetzte er ins Chinesische. Zudem veröffentlichte er die erste chinesische Weltkarte, auf der Amerika eingezeichnet war. Da sich China auf ihr gemäß dem eigenen Anspruch in der Mitte befand, festigte dies seinen guten Ruf. 1601 wurde sein großer Wunsch erfüllt, und er durfte nach Beijing ins Zentrum der Macht übersiedeln. Selbst der kaiserliche Hof nahm seine wissenschaftlichen Arbeiten zur Kenntnis.

Doch bei alledem vergaß Ricci nie seinen eigentlichen Auftrag. Er war schließlich als Missionar gekommen. In seinem Hauptwerk «Die wahre Lehre vom Herrn des Himmels» propagierte er nicht die Überlegenheit des christlichen Glaubens, sondern den geistigen Austausch zwischen China und dem christlichen Abendland. Das Buch übte einen großen Einfluss auf die chinesische Elite aus. Noch einflussreicher wurde sein Werk «Über die Freundschaft», in dem es um ethische Fragen ging.

Ricci starb 1610 in Peking, wo sich bis heute sein Grab befindet. Europa hat er nicht mehr wiedergesehen. Kurz vor seinem Tode konnte er noch einen für die europäische Welt verfassten Bericht über seine China-Mission fertig stellen, den seine Glaubensbrüder post mortem herausgaben. Heute befindet sich sein Grab ironischerweise auf dem Gelände der Parteischule der Beijinger KP, wo in den 1950er-Jahren eine französische Missionsstation geschlossen und enteignet wurde.

1685, unter den weltoffeneren Qing-Kaisern, wurde erstmals seit 300 Jahren wieder ein Erzbischof von Peking eingesetzt; zu der Zeit gab es in China 150 000 Christen.[48] Andere Quellen geben für das Jahr 1720 sogar 300 000 an.[49] Doch derartige Initiativen blieben ohne langfristige Folgen, was vor allem mit logistischen Problemen zusammenhing. Die Seehoheit der christlichen Reiche Portugal und Spanien wurde durch Piraten und Seekriege zusehends infrage gestellt, während sich ein Landweg als zu aufwändig und gefährlich erwies. Zur

Schwächung der katholischen Missionierung trug auch der sog. Ritenstreit bei, der sich daran entzündete, ob die bekehrten Chinesen weiterhin Riten aus dem vertrauten Konfuzianismus oder der Ahnenverehrung praktizieren durften. Während die Jesuiten toleranter waren, duldeten Dominikaner und Franziskaner derartige Praktiken nicht. Sie erhielten nach langen Debatten schließlich die Unterstützung der Kurie, so dass die chinesischen Riten verboten wurden. Das Edikt des Papstes galt bis 1939 und stärkte die Basis für die Glaubensverbreitung nicht.

Darüber hinaus stieß die Offenheit und Toleranz der Qing an ihre Grenzen. Als Mitte des 19. Jahrhunderts der Taiping-Aufstand ganze Landstriche verwüstete und sich der Initiator auf die Bibel berief (siehe Zhuang), war dies ein herber Rückschlag für die Reputation der christlichen Religionen in China. Doch machtpolitische Ereignisse kamen ihnen zu Hilfe. Die europäischen Kolonialmächte zwangen China nach den Opiumkriegen 1860, seine Häfen zu öffnen. In ihrem Schlepptau befanden sich christliche Missionare, deren Einfluss größer wurde als je zuvor.

Die Unterstützung durch die europäischen Mächte war für die christliche Glaubensverbreitung eine zwiespältige Angelegenheit. Auf der einen Seite verzeichneten sie rasche Missionierungserfolge, aber auf der anderen Seite wurden sie von der chinesischen Elite und Bevölkerung als verlängerter Arm des Kolonialismus betrachtet.

Allerdings gab es auch Persönlichkeiten, die bei allen Seiten hoch angesehen waren, wie der Südtiroler Steyrer-Missionar Josef Freinademetz. Er lebte von 1879 bis zu seinem Tod 1908 in China und engagierte sich neben der Glaubensverbreitung unermüdlich im sozialen Bereich. 2003 wurde er für sein Wirken vom Papst heiliggesprochen. Auch in China wird sein Andenken geehrt.

Während des Bürgerkrieges in der ersten Hälfte des 20. Jahrhunderts blühte die katholische Kirche weiter auf, doch mit dem Sieg der Kommunistischen Volksbefreiungsarmee war ihr – zunächst – die Basis entzogen. Zu der Zeit gab es allerdings bereits etwa 5 Mio. einheimische Katholiken, die im Untergrund auf bessere Zeiten warteten.

Der Machtanspruch der Kommunisten kollidierte fundamental mit dem der Kurie in Rom. Bekanntlich ist keine Religionsgemeinschaft so hierarchisch auf eine Autorität ausgerichtet wie die katholische

Kirche. Um dem zu begegnen, zwang die KP die chinesischen Katholiken, sämtliche Kontakte zur Kurie abzubrechen. Der Vatikan hatte zuvor – wie alle anderen westlichen Staaten zu der Zeit – diplomatische Beziehungen zur Republik China aufgenommen.

Wer in China weiter seinen Glauben praktizieren wollte, musste der 1957 gegründeten «Vaterländischen Vereinigung chinesischer Katholiken» beitreten, einer von der Kommunistischen Partei kontrollierten Organisation. Machtpolitisch erwies sich dies als geschickter Schachzug, denn es bedeutete eine Spaltung der chinesischen Katholiken, die bis heute anhält. Daran änderte auch die Liberalisierung in den 1980er-Jahren nichts, nachdem während der Kulturrevolution weder die patriotischen noch die romtreuen Katholiken ihren Glauben ausüben konnten.

Es war Papst Benedikt XVI., der behutsam auf China zuging, um die für die Katholiken unhaltbare Situation zu beenden.

Der Streit zwischen dem Vatikan und Beijing entzündet sich vor allem an einer Kontroverse: der Ernennung von Bischöfen. Die patriotischen Katholiken akzeptieren, dass die Regierung, wie gefordert, das letzte Wort bei der Ernennung der Bischöfe hat. Für die Kurie ist dies völlig inakzeptabel. Nach kirchlichem Recht ist allein der Papst befugt, Bischöfe zu weihen; ein Grundsatz, der von allen anderen Staaten, in denen die katholische Kirche existiert, anerkannt wird. Wenn chinesische Geistliche nach Rom fahren, um sich vom Papst zum Bischof weihen zu lassen, drohen ihnen bei der Rückkehr erhebliche Repressionen.

Die patriotischen Katholiken folgen nicht nur bei der Bischofsweihe, sondern auch in ethisch-moralischen Fragen der Linie der Partei, etwa wenn es um Empfängnisverhütung und Abtreibung geht, was in China nicht nur erlaubt ist, sondern staatlich propagiert wird. Derartige Differenzen sind jedoch nicht unüberwindbar.

Insgesamt ist die Situation für die patriotischen Katholiken schwierig. Es liegt nicht in ihrem Interesse, den Vatikan zu provozieren, und dort, wo es ohne Gesichtsverlust gegenüber der Regierung möglich ist, versuchen sie der Kurie entgegenzukommen. Joseph Li-Shan, der regierungstreue Erzbischof von Beijing, lud in einem Interview mit dem italienischen Staatsfernsehen RAI im August 2008 den Papst ein: «Wir hoffen sehr, dass Benedikt XVI. nach China reist. Man kann sagen, dass es da eine starke Entwicklung gibt.» Der Vatikan nahm die Offerte auf und erklärte, die Worte des Bischofs bewiesen, «dass die chinesischen Katholiken den Papst lieben und respektieren und dass sie seine geistige Autorität anerkennen».[50]

Einen derartig moderaten Ton zwischen den beiden Weltmächten hat es seit der Machtübernahme der Kommunisten nicht mehr gegeben. Noch dem Vorgänger von Benedikt XVI., dem aus Polen stammenden Johannes Paul II., war die Regierung mit größtem Misstrauen begegnet, da sie ihm eine wichtige Rolle beim Zerfall des Kommunismus in Osteuropa zugemessen hatte.

Anti-Aids-Aktivistinnen im Nonnengewand

Es war einer der größten Skandale im ländlichen China. In der Provinz Henan wurden 1990 vermutlich eine Million armer Bauern mit dem Aidsvirus HIV infiziert, weil sie mit dem Verkauf von Blutplasma ihr spärliches Einkommen verbessern wollten. Doch skrupellose Händler und Kliniken vermischten das Blut, nachdem sie das Plasma entnommen hatten, mit dem anderer Spender und leiteten es den Spendern intravenös wieder ein. Einige der Konserven waren infiziert, und damit wurde das Virus höchst effizient verbreitet.

Manche der verzweifelten Opfer resignierten, andere zogen, von Hilflosigkeit und Wut angetrieben, bis in die Nachbarprovinzen, um mit Spritzen von Eigenblut andere zu infizieren.

In der 7-Mio.-Metropole Xingtai, in der nördlichen Nachbarprovinz Hebei, haben katholische Schwestern vom Orden «Unsere Liebe Frau aller Seelen» ein Zentrum eröffnet, das HIV-Infizierte aufnimmt. Es ist ein ebenso mutiger wie schwieriger Balanceakt. HIV-Infizierte wurden in China lange wie Aussätzige behandelt, verstoßen, ihrem Schicksal überlassen. Die meisten Kinder der bei dem Skandal von Henan infizierten Bauern mussten die Schulen verlassen, selbst wenn bei ihnen keine Infektion nachgewiesen werden konnte. Die Angst vor AIDS hat bisweilen paranoide Formen. Doch die Ordensschwestern stemmen sich gegen den Trend. Für die Kinder der Infizierten versuchen sie einen schulischen Neuanfang zu organisieren; für diejenigen, die bald Waisen sein werden, suchen sie nach Pflegeeltern, oder sie nehmen sie bei sich auf. Für infizierte Erwachsene, die nicht mehr in ihre Dörfer zurückkehren können, werden Alternativen im handwerklichen Bereich aufgezeigt. Auch Alte, die keine sozialen Bindungen mehr haben, finden bei den Ordensschwestern eine neue Perspektive.

Benedikt XVI. hatte sich bereits im Sommer 2007 mit einem Hirtenbrief an alle Katholiken in China gewandt und zur Versöhnung und Einheit aufgerufen. Auch gegenüber den Machthabern fand er verständnisvolle Worte. Er bekräftigte, dass die Kirche weder die Struktur des Staates noch die Regierung infrage stelle. Mit Gesten wie der Ausladung des Dalai Lama ging er noch weiter. Zum Volksaufstand in Tibet 2008 fand Benedikt XVI. keine passenden Worte, nach dem verheerenden Erdbeben zwei Monate später bekundete er dagegen sogleich sein Mitgefühl und seine Verbundenheit mit dem chinesischen Volk. Auch für die umstrittenen Olympischen Spiele 2008 spendete er viel Lob. In dieses Bild passt ein Gastauftritt des chinesischen philharmonischen Orchesters im Vatikan.

Kleine Hoffnungsschimmer gibt es auch aus China. In Shanghai und Sichuan wurden 2008 erstmals zwei Bischöfe geweiht, die den Segen des Vatikans wie der Kommunistischen Partei hatten.

Ansonsten hält sich die Führung in Beijing bedeckt. Zwar ist die Existenz einer romtreuen katholischen Kirche im Untergrund eine Tatsache, die auch von ihr nicht mehr ignoriert werden kann, doch zu neuen Freiheiten haben die Initiativen des Papstes noch nicht geführt. Vor dem Hintergrund äußert sogar der Erzbischof von Hongkong, Kardinal Joseph Zen Ze-kiun, leise Kritik an der Konzessionsbereitschaft des Papstes.

Beijing fordert vom Vatikan in erster Linie den Abbruch der diplomatischen Beziehungen zu Taiwan, denn die Kurie ist einer der letzten Staaten, die derartige Kontakte noch aufrecht erhält. Als Resultat von Verhandlungen scheint das für den Vatikan nicht mehr ausgeschlossen, doch China besteht auf diesem Schritt, damit überhaupt erst Verhandlungen stattfinden können. Unter den herrschenden Bedingungen will sich Beijing noch nicht mit der Kurie an einen Tisch setzen, um über die Probleme des Katholizismus in China zu reden. Wenn der Papst sein Gesicht verliert, hat er keine Chance mehr, Verbesserungen für die Katholiken im Reich der Mitte durchzusetzen.

Wie bei allen anderen Glaubensgemeinschaften gehen die Angaben über die Zahl der Katholiken weit auseinander. Die Zahl der patriotischen Katholiken schwankt zwischen 4[51] und 12 Mio.[52] Mitgliedern. Für die erheblich schwerer zu kontrollierenden romtreuen Katholiken werden bis zu 28 Mio. Mitglieder angegeben. Vertreter der patriotischen Katholiken, die 2007 Israel besuchen durften, sprachen sogar von insgesamt 50 Mio. Katholiken in China.[53]

Der Protestantismus

Aufgrund seiner Entstehung hat der Protestantismus sehr viel später in China Fuß gefasst als der Katholizismus, und ihm haftete lange Zeit noch mehr das Etikett an, Handlanger des Kolonialismus zu sein. Der erste protestantische Missionar in China, der Brite Robert Morrison, tauchte 1807 in Kanton auf. Viele Möglichkeiten eröffneten sich ihm nicht, und es dauerte bis zum Ende des 19. Jahrhunderts, bevor die Missionsbemühungen auf fruchtbareren Boden fielen. Die Verbindung zum Kolonialismus machte die Protestanten jedoch auch zur Zielscheibe des Boxeraufstands, in dessen Verlauf 200 von ihnen ermordet wurden.

Nach der Niederlage der Chinesen, der Rache der Sieger und dem Ende des Kaiserreiches verbesserten sich die Voraussetzungen für die Mission grundlegend. Den Protestanten kam zugute, dass führende Köpfe der Guomin-Tang-Bewegung wie Sun Yatsen und Chiang Kaishek protestantischen Kirchen angehörten. Damit standen den Missionaren Tür und Tor offen. Am Ende des Bürgerkrieges waren 8000 ausländische protestantische Missionare in China,[54] und ihre Kirchen umfassten 700 000 Einheimische; ein Ergebnis, von dem selbst Kirchenvertreter heute sagen: «In der Missionsepoche des 19./20. Jahrhunderts wurden in keinem Land der Welt so aufwändige personelle und finanzielle ausländische Missions-Ressourcen mit so geringem Bekehrungserfolg eingesetzt wie in China.»[55] Mit der Machtübernahme der Kommunisten änderte sich die Lage für die Missionare grundlegend. Sie wurden verhaftet und ausgewiesen. 1953 befand sich niemand mehr von ihnen im Land.

Auch für die chinesischen Protestanten verschärften sich die Bedingungen. Sie galten pauschal als Kollaborateure und Überbleibsel des Kolonialismus. Viele brachte ihr Glaube schon vor der Kulturrevolution ins Gefängnis und Arbeitslager, vor allem die Oberhäupter der Gemeinden.

Zudem wurden ihnen sämtliche Kontakte zum Ausland untersagt. «Selbst-Verwaltung, Selbst-Unterstützung, Selbst-Verkündigung» lautete die Parole des Staates, mit der alle internationalen Verbindungen abgeschnitten wurden. Die protestantischen Christen, die besonders intensive Beziehungen zu ihren Glaubensbrüdern und -schwestern in Übersee gepflegt hatten und von zumeist amerikanischen Glaubensgemeinschaften finanziell unterstützt worden waren, waren völlig auf sich allein gestellt.

Es gab jedoch auch urbane Protestanten, die der Revolution positiv gegenüberstanden und darin eine Chance sahen, einen eigenen chinesischen Weg zu gehen. Ihr Zentrum war das einflussreiche YMCA (*Young Men's Christian Association*) in Shanghai. Aus der Forderung des Staates wurde die offiziell anerkannte «Chinesische Patriotische Christliche Drei-Selbst-Bewegung», die protestantische Entsprechung zur «Vaterländischen Vereinigung Chinesischer Katholiken».

In den 1960er-Jahren verschärften sich die Bedingungen jedoch, und viele konnten nur unter härtesten Bedingungen im Geheimen den Glauben praktizieren. Sie versteckten ihre Familien-Bibeln vor dem Zugriff des allgegenwärtigen Staatsapparates und hofften auf bessere Zeiten. In konspirativen Zirkeln, den Hausgemeinden, wurde die Tradition weitergegeben. Immer in Gefahr, entdeckt und inhaftiert zu werden, trafen sich die Gemeinden dennoch. Wer lesen konnte, las aus der Bibel und spendete denen Trost, deren Angehörige verschleppt und verhaftet waren. Es gab keine offenen oder fairen Prozesse, so dass viele Zurückgebliebene nicht einmal wussten, was mit den Verhafteten geschehen war.

Die erhofften besseren Zeiten kamen in den 1980er-Jahren. Mit der Liberalisierung boten sich den christlichen Gemeinden neue Perspektiven. 1980 gründeten Chinas Protestanten den Chinesischen Christenrat. Er ist keine Konkurrenzbewegung zur patriotischen Drei-Selbst-Bewegung, sondern häufig sogar in Personalunion damit verbunden. Innerhalb des Rates sind die Gemeinden selbstständig, sie müssen sich um ihr Leitungspersonal und die Finanzen kümmern. Der Christenrat sorgt für die Bereitstellung von Bibeln, Gesangbüchern und Literatur sowie die Ausbildung der Gemeindemitarbeiter. Dafür gibt es im ganzen Land 18 Bibelschulen und Seminare. Zudem vertritt er die Kirche nach außen. 1991 trat er dem Weltkirchenrat bei.

Die Chongwenmen-Kirche in Beijing

Kein christliches Gotteshaus in China dürfte prominenter sein als die Chongwenmen-Kirche in Beijing, im Ausland auch als Ashbury-Kirche bekannt. Im Zentrum der Stadt, nicht weit vom alten Bahnhof entfernt, hat die Kirche die grundlegenden Veränderungen der letzten Jahrzehnte überstanden, und sie hat nichts von ihrer Schönheit und ihrem besonderen Charme eingebüßt.

Die Chongwenmen-Kirche gehört zur Gemeinschaft der amerikanischen Methodisten und wurde 1870 gegründet. 30 Jahre später brannte sie bis auf die Grundmauern nieder, wurde jedoch wieder aufgebaut. Wie alle anderen religiösen Institutionen war sie während der Kulturrevolution geschlossen; erst 1982 konnte sie ihre Tore wieder öffnen. Den Weihnachtsgottesdienst 1983 eröffnete der Pfarrer selbstbewusst mit den Worten: «Unsere Kirche blickt auf eine Geschichte von über 80 Jahren zurück.»

Heute finden 800 Gläubige in der stilvoll renovierten Kirche Platz, an Sonntagen ist sie fast immer gut gefüllt. Wenn der Andrang zu groß ist, hilft die moderne Technik. Im Untergeschoss kann der Gottesdienst auf einer großen Leinwand verfolgt werden.

Beliebt ist die Kirche aber nicht nur bei den einheimischen Christen, sondern auch bei ausländischen Gästen. Die prominentesten Besucher waren die US-Präsidenten Bill Clinton und George W. Bush.

Auch der chinesische Staat weiß das christliche Kleinod zu schätzen, denn er stellte das als Rundkirche errichtete Gotteshaus unter Denkmalschutz.

Die protestantischen Gemeinden wachsen zu Beginn des 21. Jahrhunderts schneller als alle anderen religiösen Gemeinschaften in China. Das betrifft vor allem die evangelikalen Gruppen, die sich in dezentralen und kaum zu kontrollierenden Hausgemeinden organisieren. Das internationale Institut für Religionsfreiheit der Weltweiten Evangelischen Allianz – eine Art loser Dachverband der Evangelikalen – schätzt, dass es in China etwa eine halbe Million solcher Hausgemeinden gibt.[56] Sie scheuen keine Mühen für ihre intensive Missionstätigkeit und schicken ihre Prediger bis in abgelegene Landesteile.

Diesen Aktivitäten begegnet die Staatsführung mit Misstrauen. Sie möchte ausländische Einflüsse zurückdrängen und vermutet häufig sogar in Entwicklungsexperten, insbesondere wenn sie von amerikanischen Organisationen geschickt werden, heimliche Missionare. Im Jahre 2007 wurden in dem Zusammenhang 500 Ausländer ausgewiesen. Zudem befinden sich etwa 2000 Leiter von Hauskirchen in Haft, was deren Popularität jedoch keinen Abbruch tut.

Offiziell liegt die Zahl aller Protestanten zwischen 15 und 18 Mio., doch ist das Wachstum der Hausgemeinden kaum zu erfassen. Manche gehen von 60 Mio. Mitgliedern aus.[57] Die Popularität des protestantischen Christentums erklärt die Evangelische Kirche Deutschlands (EKD) wie folgt:

«Menschen fühlen sich unbefriedigt von der allgemein verbreiteten Jagd nach Geld, dem korrumpierenden Materialismus und der Ellenbogenmentalität der Gesellschaft und finden, nachdem die ideologische Kraft des Marxismus erloschen ist und der Konfuzianismus sich erst sehr zögerlich regeneriert, im Christentum die Idee der allgemeinen Menschenliebe und des Dienstes am Nächsten.

Das andere Motiv geht vom persönlichen Nutzen der Religion aus: Viele Bekehrungen gehen auf physische Heilungserfahrungen durch Gebet zurück. Außerdem erwartet man Trost in den zunehmenden Unsicherheiten des Lebens sowie materiellen Erfolg im Kampf um das Dasein.»[58]

Die Juden

Die Juden werden in China weder als Nationalität noch als Religion offiziell anerkannt, allerdings geduldet. Dabei verfügen sie über eine lange Tradition im Land. Die ersten Juden kamen im 8. und 9. Jahrhundert als Händler über die Seidenstraße nach China. Ihr regionales Zentrum wurde im frühen 11. Jahrhundert die Stadt Kaifeng am Gelben Fluss in der chinesischen Provinz Henan. Der mehr als 2500 Jahre alte und historisch bedeutende Ort war die Hauptstadt der nördlichen Song-Dynastie (960–1127). Damals verzeichnete Kaifeng über eine Million Einwohner, unter denen die Juden ein hohes Ansehen besaßen.

Das Ende des antiken Kaifeng kam 1127, als die Song von der Jin-Dynastie gestürzt wurden, deren Krieger die Hauptstadt dem Erdboden gleichmachten. Während die alte Elite nach Süden floh, waren es vor allem die Juden, die Kaifeng wieder aufbauten und während der Ming-Dynastie zu einer neuen Blüte führten. In die Zeit fiel auch ein

Besuch des Jesuiten Matteo Ricci, der in seinen Schriften die jüdische Gemeinschaft von Kaifeng in Europa bekannt machte.

Aber auch noch andere Katastrophen suchten Kaifeng heim, nämlich Überschwemmungen des Gelben Flusses. Die fatalste ereignete sich 1642, und sie war von Menschen gemacht. Um die aufstrebenden Qing aufzuhalten, befahl der Ming-Kaiser, die Dämme zu öffnen. Dadurch fanden etwa 300 000 Menschen den Tod. Einmal mehr beteiligten sich die Juden intensiv am Neuaufbau, doch ihr Untergang ließ sich kaum mehr aufhalten. Der letzte Rabbi von Kaifeng verstarb 1810; zu der Zeit umfasste die Gemeinde etwa 2000 Mitglieder. Die Synagoge wurde noch bis 1851 genutzt.

Das Ende der Qing-Dynastie schien auch das Ende für die Juden von Kaifeng zu bedeuten, doch heute zählen sich wieder einige hundert Personen zu den Nachfahren der dortigen jüdischen Gemeinde. Da sich die Kaifeng-Juden im Laufe der Jahrhunderte mit den Chinesen vermischt haben, ist es der Glaube und das Bewusstsein, das ihre Identität ausmacht. Äußerlich sind sie – ähnlich wie die Hui – nicht von der Mehrheitsbevölkerung zu unterscheiden.

Neben den Juden in Kaifeng und einigen weiteren Gemeinden vor allem an der Ostküste gab es nach den Opiumkriegen und der Öffnung der Häfen Mitte des 19. Jahrhunderts eine größere Zahl von jüdischen Einwanderern nach China. Es handelte sich um sephardische Juden, die ursprünglich von der iberischen Halbinsel stammten, von dort jedoch im frühen 16. Jahrhundert in den arabischen Raum vertrieben worden waren. Ihr Zentrum wurde Shanghai, und sie leisteten einen wichtigen Beitrag zur ersten Blüte der Hafenstadt. Während die Juden wirtschaftlich sehr gut integriert waren, blieben sie im sozialen Bereich unter sich, lebten in einem Ghetto von 5 km² und unterschieden sich deutlich von den Chinesen, aber auch den Kaifeng-Juden. Die Shanghaier Gemeinde wuchs rasch auf etwa 1000 Personen und errichtete dank der Zuwendungen erfolgreicher Geschäftsleute bedeutende Synagogen. Dabei tat sich vor allem die Familie von Jakob Elias Sassoon hervor, der aus Bagdad stammte. Als der deutsche Reporter Egon Erwin Kisch, selbst jüdischer Abstammung, in Shanghai weilte, konnte er den Geschäften der Sassoons wenig abgewinnen. Andere Juden hoben allerdings die Unterstützung hervor, die die Sassoon-Dynastie den mittellosen jüdischen Neuankömmlingen gewährte.[59]

> «Die Tatsache, dass China in punkto Opiumherstellung Autarkie erlangt hatte, veranlasste die Firma Sassoon, sich vom Opiumimport ab- und der Grundstücksspekulation zuzuwenden, die auch nicht von Pappe ist. Heute noch blüht dieses Sassoongeschäft, die Straßenbahnen und Omnibusse Shanghais, und Chinas wolkenkratzendster Wolkenkratzer, das Cathy-Hotel, gehören dazu.»
>
> Egon Erwin Kisch: Kapitalistische Romanze von den Bagdad-Juden

Das Cathy-Hotel Sassoon heißt heute Peace-Hotel. Es liegt an der historischen Uferpromenade und ist zu einem Wahrzeichen der Stadt geworden.

Eine weitere jüdische Einwanderungswelle erfolgte nach der russischen Oktoberrevolution. Zunächst ließen sich russische Juden vor allem im Norden Chinas nieder, nicht weit von der Grenze zu ihrer Heimat. Ihr Zentrum war Harbin, wo es mehrere Synagogen gibt und die letzte weißrussische Jüdin bis in die 1980er-Jahre in einem Raum einer Synagoge lebte, die sonst zur Polizeistation umfunktioniert worden war.

Insgesamt waren die wirtschaftlichen Aussichten im Nordosten jedoch schlecht. Die japanische Invasion von 1931 tat ihr übriges, um den Juden ihre Existenz zu entziehen. So wanderten viele weiter nach Shanghai, wo ihre Gemeinde bis in die 1940er-Jahre auf knapp 10 000 Personen anwuchs. Sie verhielten sich ähnlich wie die sephardischen Juden und pflegten ihre Eigenständigkeit. Sogar eine eigene Zeitschrift, «Unser Leben», gaben sie heraus.

Die systematische Judenverfolgung in Deutschland löste die dritte Einwanderungswelle nach Shanghai aus. Etwa 18 000 Juden aus Deutschland und den von Deutschland besetzten Gebieten flohen in die chinesische Hafenstadt, die dafür bekannt war, dass sie Flüchtlinge ohne Einreisegenehmigung aufnahm. Die Mehrzahl von ihnen wollte nur vorübergehend bleiben, doch die weitere japanische Besetzung der Ostküste verschlechterte ihre Lage. Die Nazis versuchten sogar, die Japaner in den Holocaust einzubinden, doch die hatten eigene Pläne in Ostasien und wollten sich nicht von den Deutschen instrumentalisieren lassen.

Viele Flüchtlinge waren auf die Unterstützung ihrer wirtschaftlich weit erfolgreicheren Glaubensbrüder angewiesen, denn sie waren mittellos aus Deutschland angekommen. Sonja Mühlberger, die in Shanghai geboren wurde, mahnt ihre Nachkommen: «Ihr solltet den Chinesen immer dankbar sein, dass sie uns zu einer Zeit aufgenommen haben, zu der die übrige Welt für uns schon gesperrt war.»[60]

Unter den jüdischen Emigranten befanden sich einige Prominente, die aus Sympathie für den Kommunismus nach China gekommen waren und sogar in der Volksbefreiungsarmee kämpften. Nach der Gründung der Volksrepublik nahmen sie die chinesische Staatsbürgerschaft an und wurden zu angesehenen Parteimitgliedern.

Prominente jüdische Emigranten in China

Israel Epstein, Journalist, geb. 20. April 1915 in Warschau; gest. 26. Mai 2005 in Beijing. Er kam mit seiner Familie bereits 1917 nach China. Noch während des Bürgerkrieges traf und interviewte er Mao Zedong. An seiner Beerdigung nahm die gesamte Staatsführung mit Hu Jintao und Wen Jiabao teil.

Eva Siao, Fotografin und Journalistin, geb. 8. November 1911 in Breslau als Eva Sandberg; gest. 29. November 2001 in Beijing, eine der bedeutendsten Chronistinnen der chinesischen Revolution. Sie kam 1940 nach China, nachdem sie ihren Mann Emi Siao, einen Schulfreund von Mao Zedong, in der Sowjetunion kennen gelernt hatte. In den 1950- und 60er-Jahren arbeitete sie als China-Korrespondentin des DDR-Fernsehens.

Ruth Weiss, Journalistin und Lektorin, geb. 11. Dezember 1908 in Wien; gest. 6. März 2006 in Beijing, kam 1933 nach Shanghai. Sie war die letzte westliche Augenzeugin der chinesischen Revolution.

Klara Blum, Schriftstellerin und Hochschuldozentin, geb. 27. November 1904 in Czernowitz; gest. 4. Mai 1971 in Guangzhou. Sie kam 1949 nach China und veröffentlichte Romane und Gedichtbände zu China in DDR-Verlagen.

Hans Shippe (Mojzes Grzyb), geb. 11. Juli 1896 in Krakau, und *Trude Rosenberg*. Shippe war ein Journalist und Kommunist, der 1925 zum ersten Mal nach Shanghai kam. Nach der japanischen Invasion schloss er sich der Volksbefreiungsarmee an und starb im November 1942 auf dem →

Schlachtfeld. Seine Partnerin Trude Rosenberg war mit Sun Yatsens Witwe Song Qing Ling befreundet und arbeitete für deren *China Welfare Association*. Sie starb 1992 in Beijing, zuletzt betreut von Mitarbeitern der deutschen Botschaft.

Viele Juden aus Shanghai emigrierten am Ende des chinesischen Bürgerkrieges, als sich die kommunistische Machtergreifung abzeichnete, in den neu geschaffenen Staat Israel, in die USA oder nach Australien; einige kehrten sogar nach Deutschland zurück. Von diesem Aderlass hat sich die jüdische Gemeinde in China noch nicht erholt.

In Hongkong entwickelte sich während der Kolonialzeit ebenfalls jüdisches Leben. Dort lebt heute mit 1000 Personen die größte jüdische Gemeinde Chinas. Darüber hinaus bekennen sich etwa 2000 weitere Personen im ganzen Land zum Judentum, die meisten von ihnen verstehen sich als Nachkommen der Kaifeng-Juden. Der renommierte Gelehrte Prof. Pan Guang, Leiter des Zentrums für Jüdische Studien in Shanghai, bestreitet indes, dass es noch Kaifeng-Juden gibt, die in der Tradition ihres Glaubens stehen.[61] Da sich die Epoche, als Shanghai Zufluchtsort für Nazi-Verfolgte war, heute einer gewissen nostalgischen Beliebtheit in China erfreut, wird das Interesse auch auf die Juden gelenkt, was manche motivieren könnte, sich wieder zu diesen Wurzeln zu bekennen.

Als die Volksrepublik in den 1950er-Jahren daran ging, nicht-chinesischen Gruppen den Status einer nationalen Minderheit zuzugestehen, beantragten die Juden dies ebenso wie die Moslems, doch die Staatsführung verweigerte das Ansinnen. Daran hat sich bis heute nichts geändert, obwohl die Juden seit dem Anschluss von Hongkong nicht mehr die kleinste unter den nationalen Minderheiten wären. Allerdings besitzen nicht alle Juden aus Hongkong die chinesische Staatsbürgerschaft.

Chinas Ängste

Die Nationalitätenfragen als Faktor der Instabilität?

Die Volksrepublik China steht – ungeachtet des weltweiten Interesses an einer wirtschaftlichen Zusammenarbeit – immer wieder in der internationalen Kritik: Die weltweit mit Abstand größte Zahl von Hinrichtungen, Arbeitslager, eine willkürliche Justiz, die Verfolgung von Journalisten, Intellektuellen, religiösen Gruppen und vieles andere empört Menschen in aller Welt. Doch kein Thema trägt so stark zu dem schlechten Ansehen der chinesischen Führung bei wie die Tibet-Frage. Die immer wiederkehrenden Proteste vor allem von Mönchen und Nonnen, die kaum zu überbietende Popularität des Dalai Lama sowie eine gewisse verklärte Faszination für ein fremdes Land machen Staatsbesuche chinesischer Vertreter – zumindest in Ländern mit Demokratie und Meinungsfreiheit – häufig zu einem Spießrutenlaufen. Mutige Politiker wie Angela Merkel konfrontieren ihre Gesprächspartner mit der Tibet-Frage und nehmen dafür nicht nur deren Ärger, sondern auch den deutscher Industrievertreter in Kauf. Und selbst für die Wermutstropfen bei den perfekt inszenierten Olympischen Spielen 2008 sorgten Tibeter und ihre Freunde.

All dies wirft die Frage auf, warum die Führung der Kommunistischen Partei in ihrer Nationalitätenpolitik so unnachgiebig ist, obwohl der Dalai Lama sich mit seiner Forderung nach «echter Autonomie» in dem Rahmen bewegt, den der KP-Patriarch Deng Xiaoping einmal mit den Worten vorgegeben hat: «Wir können über alles reden, nur nicht über die Unabhängigkeit.»

Westliche Experten wissen darauf eine Antwort: «Für die chinesische Regierung sind dies durchaus ernst zu nehmende Problemfälle, die aus vielerlei Gründen die innere und äußere Stabilität des Landes bedrohen können. Deshalb versucht Peking, eine Politik zu betreiben, die entsprechende Tendenzen schon im Keime erstickt, indem man einerseits versucht, diese Regionen am Wirtschaftswachstum möglichst teilhaben zu lassen, andererseits mit härtesten Kontrollschritten reagiert, wenn es zu Unruhen und Aufständen kommt», meint Prof. Eberhard Sandschneider.[62] Auch ein tief sitzendes Misstrauen gegenüber den Tibetern verstärkt die harte Haltung: Bei echten Konzessionen gäben sich die Tibeter nicht mehr mit einer substantiellen Autonomie zufrieden, sondern würden anschließend die Unabhängigkeit fordern, was wiederum die gleichen Begehrlichkeiten bei den Uiguren und womöglich sogar den Mongolen wecken und damit zum Zerfall der Volksrepublik führen könnte. Die «Balkanisierung» oder der Zerfall der Sowjetunion, der nicht zuletzt durch die nationale Frage ausgelöst wurde, werden als Menetekel an die Wand gemalt.

Ist diese Sorge begründet? Oder zeigt sie nur die Angst einer kommunistischen Nomenklatura, die es nie gelernt hat, sich einem offenen politischen Prozess zu stellen? Oder ist es letztlich nur eine Rechtfertigung für eine intolerante Politik?

Nutzloser Druck von außen?

Wissenschaftler und Politiker betonen immer wieder, wie sinnlos es sei, China mit Druck zu begegnen: «Wer glaubt, durch massive Proteste und Druck in China etwas verändern zu können, verkennt die reale Lage. In Fragen der nationalen Einheit und der politischen Stabilität beugt sich China keinem äußeren Druck. Und die Chinesen im In- und Ausland stehen weithin geschlossen hinter der politischen Führung Chinas. Ergebnis dieser Proteste (Anm. d. Verf.: März 2008 in Tibet) war eine innen- und außenpolitische Verhärtung, die sich erst allmählich wieder auflösen wird», so Thomas Heberer, der damit für viele andere steht.[63]

Das Argument mag nicht ganz von der Hand zu weisen sein, doch stellt sich zunächst die Frage nach den Alternativen der Einflussnahme. Auch Gebiete wie die Innere Mongolei oder Guangxi Zhuang, in denen es weder separatistische Forderungen noch regierungsfeindliche Proteste gibt, genießen keine echte Autonomie, erleben Sinisierung und Marginalisierung, sei es durch gezielte Politik oder infolge der durchaus erwünschten wirtschaftlichen Entwicklung und

Globalisierung. Und als die chinesische Führung um die Jahrtausendwende die Eisenbahn nach Lhasa plante – das wirkungsvollste Mittel der Sinisierung –, hatte der Dalai Lama die Forderung nach Unabhängigkeit längst aufgegeben, und in Tibet war es relativ ruhig. Gleichzeitig suchte Bundeskanzler Gerhard Schröder den «konstruktiven Dialog» und praktizierte «stille Diplomatie». Jede Geste, die von der chinesischen Führung als Provokation angesehen werden konnte, vermied der damalige Kanzler.

Damit sind Thomas Heberer und andere nicht widerlegt, die Druck von außen für sinnlos erachten; es wird nur deutlich, dass die Kritik an Protesten und demonstrativen Gesten keine Alternativen aufzeigen kann. Und tatsächlich bezeugen die Ratschläge, die sich aus der Kritik ergeben, die eigene Ratlosigkeit: «Wer etwas für die Tibeter erreichen will, dessen Weg muss über Peking führen. Er kann nur mit einem konstruktiven Dialog etwas erreichen»,[64] antwortete Eberhard Sandschneider auf die Frage, was er dem Dalai Lama raten würde. Genau darum jedoch hat sich der Dalai Lama sechs Jahre lang von 2002 bis 2008 vergeblich bemüht und dabei so viele Konzessionen gemacht, dass seine Autorität unter den Tibetern gefährdet wurde.

Offenkundig hat Beijing aus freien Stücken keinerlei Interesse, etwas an seiner bisherigen Politik zu ändern; weder stille Diplomatie noch laute Proteste konnten daran rütteln. Das eine verpufft ebenso wie das andere.

Zweifelhafte Beispiele

Es ist selbst für intime Landeskenner schwer zu beurteilen, ob die Sorge der politischen Führung, die Volksrepublik könne bei substantieller Autonomie auseinanderbrechen, eine reale Basis hat, oder ob sie nur benutzt wird, um eine repressive Nationalitätenpolitik zu legitimieren. Dabei schließt das eine das andere nicht aus.

Schaut man auf ethnische Konflikte weltweit, zeigt sich, dass diese Sorge unbegründet ist. Der Hinweis auf das Schicksal der Sowjetunion oder Jugoslawiens ist ohnehin gänzlich unzutreffend. Bei diesen multinationalen Staaten war die demografische Situation eine ganz andere. Am Ende der Sowjetunion lebten dort nicht einmal mehr 50 Prozent Russen, das staatstragende Volk. In Jugoslawien war der Anteil der dominierenden Serben noch geringer, und als sie daran gingen, den von Tito mühsam austarierten Proporz auszuhöhlen, nahm die Tragödie ihren Lauf.

Im chinesischen Staatsverband stellen dagegen die über 91 Prozent Han über alle ideologischen Unterschiede hinweg die staatliche Einheit nicht infrage. Wenn schon Beispiele aus der Weltpolitik bemüht werden, um Chinas Psyche zu erklären, dann sollten es zutreffende sein.

Klare ethnische Grenzen hat es in der Weltgeschichte höchst selten gegeben; viel seltener, als Vertreter nationalistischer Bewegungen das wahrhaben möchten. Es dürfte kaum einen Flecken auf der Erde geben, der nicht von mehreren Gruppen beansprucht wird. Die koloniale Grenzziehung, aber auch Expansionsbestrebungen mächtiger autochthoner Reiche haben dieses latent vorhandene Problem erheblich verschärft. Dazu kam schließlich noch die Idee vom Nationalstaat; in Europa geboren, doch in alle Welt exportiert und selbst von jenen begierig aufgenommen, die sonst eine große Abneigung gegen alles hegen, was aus Europa kommt, wie die chinesischen Kommunisten oder auch arabisch-islamische Herrscher. Insofern steht China mit seinem Nationalitätenproblem nicht alleine da, und die Führung wäre gut beraten, auf andere Konflikte zu schauen; solche, die friedlich beigelegt wurden, und solche, die eskaliert sind mit zum Teil verheerenden Folgen über den bloßen Konfliktherd hinaus.

Autonomie vs. Sezession

Konfliktlösungen aus allen Teilen der Welt belegen, dass echte Autonomie das sicherste Mittel gegen Sezessionsbestrebungen ist. Die Erfahrungen reichen vom Baskenland bis Irakisch-Kurdistan; von Quebec über Südtirol bis ins indonesische Aceh. Wann immer eine Zentralregierung die Größe und Weitsicht hatte, den nach mehr Eigenständigkeit strebenden Völkern entgegenzukommen, entstand gerade kein Domino-Effekt, der erst mit dem Zerfall eines Staates oder der Loslösung eines Teiles zum Stillstand gekommen wäre.

Südtirol ist dafür ein überzeugendes Beispiel. Der Anschluss an Italien als Resultat des Ersten Weltkrieges ist von der Mehrheit der Bevölkerung ebenso abgelehnt worden wie die Einverleibung Tibets und Ost-Turkestans durch China. Auch der Anteil der Italiener in

Südtirol lag etwa im Bereich der Chinesen in Tibet um 1950. Eine massive Assimilierungspolitik unter Mussolini radikalisierte die Südtiroler. Bis in die 1960er-Jahre hinein kam es zu terroristischen Anschlägen gegen wichtige Säulen der Infrastruktur und Symbole Italiens, die bei der Bevölkerung auf unverhohlene Sympathie stießen; das Beispiel Xinjiang drängt sich auf. Die Wende kam, als das italienische Parlament im Januar 1972 eine Autonomieregelung verabschiedete. Bis alle Durchführungsbestimmungen zwischen den Parteien festgesetzt waren, gingen weitere 20 Jahre ins Land, und es bedurfte der ständigen Vermittlung Österreichs, doch die Anstrengungen haben sich gelohnt. Das Südtirol-Problem wurde 73 Jahre nach der Annexion durch Italien einvernehmlich gelöst.

Heute gibt es eine beispielhafte Autonomie mit Proporzbestimmungen für alle öffentlichen Ämter, entsprechend dem Bevölkerungsanteil. Die Angestellten im öffentlichen Dienst müssen deutsch und italienisch sprechen. Das Abkommen stieß auf so große Akzeptanz, dass sich alle Mayers, Hubers und Müllers südlich des Brenners selbstverständlich als italienische Staatsbürger mit deutscher Muttersprache und engen kulturellen Verbindungen nach Österreich fühlen.

Die weitreichende Autonomie, die das Baskenland genießt, hat ebenfalls zu einer erheblichen Entspannung der Situation geführt. Die Mehrheit der Basken sehnt sich nicht länger nach einer Loslösung von Spanien, das belegen die Wahlergebnisse der gemäßigten Nationalparteien, die für Autonomie unter der spanischen Flagge eintreten.

Solche Beispiele gibt es nicht nur aus westlichen Industrienationen. Für Aceh, ein streng islamisches Gebiet im Norden Sumatras, das lange für die Loslösung von Indonesien gekämpft hat, gilt Ähnliches. Im August 2006 unterzeichnete die Regierung in Jakarta mit der Separatismusbewegung GAM ein Friedens- und Autonomieabkommen, das wichtige Konzessionen seitens der Zentralregierung beinhaltet. Seitdem hat sich die Situation in Aceh erheblich entspannt, und die Loslösung von Indonesien ist keine ernsthafte Option mehr.

Das Nagaland im Nordosten Indiens, nicht weit von der chinesischen Grenze, hat sich seit der indischen Unabhängigkeit gegen die Einverleibung gewehrt. Ein jahrelanger Kleinkrieg mit etwa 100 000 Opfern konnte den Widerstand des *Naga National Congress* nicht brechen; erst die Errichtung des Bundesstaates Nagaland mit weitreichender Selbstbestimmung 1963 hat der Region Frieden gebracht.

Die These, dass eine tolerante Nationalitätenpolitik das beste Mittel gegen Separatismus ist, lässt sich auch im Umkehrschluss belegen. Wo Autonomie verweigert wird oder nur auf dem Papier besteht, haben sezessionistische Bewegungen großen Zulauf, und bisweilen erreichen sie ihr Ziel, wie in Osttimor, das sich von Indonesien gelöst hat, und in Eritrea, das einmal Teil von Äthiopien war. Überflüssig zu erwähnen, dass die Zentralregierungen zuvor ähnliche Gründe vorbrachten wie Beijing, um den Anspruch auf diese Regionen zu rechtfertigen. Gerade der äußerst heterogene Inselstaat Indonesien belegt auch diese These: West-Papua, der östlichen Grenze zum Pazifik, wurde 2001 eine Autonomie zugesagt, die jedoch im Gegensatz zu Aceh ohne Konsequenzen für die Betroffenen blieb. Die Situation gleicht in vielem der in Xinjiang und Tibet. Die Bewegung der Papua, die OPM, kämpft mit friedlichen und militanten Mitteln für die Loslösung von Indonesien.

Perspektiven

Alle Beteiligten in China würden großen Nutzen daraus ziehen, wenn sich die Führung an derartigen Beispielen orientieren und entsprechend handeln würde:

– Die Nationalitäten erhielten größere Freiheiten und eine realistische Chance, ihre Identität zu bewahren.
– Die Zentralregierung könnte ihre Angst vor einem Zerfall der Volksrepublik ablegen. Sie würde im Innern gefestigt und gewänne im Äußeren erheblich an Prestige.
– Die Mehrheitsbevölkerung würde von einer allgemeinen Liberalisierung profitieren, was die Akzeptanz der Regierung stärken würde.

Letztlich vollzöge China damit einen wichtigen Schritt zur Anerkennung als Supermacht, wie der Dalai Lama ausführt:

«Für China steht viel auf dem Spiel. Die Volksrepublik möchte als echte Supermacht anerkannt werden. Dazu sind vier Voraussetzungen nötig, zunächst eine entsprechende demografische, militärische und wirtschaftliche Stärke. Über all das verfügt China. Es fehlt aber noch etwas, und das ist die internationale Reputation, der Respekt der Weltgemeinschaft. Daran mangelt es noch, und die chinesische Führung weiß selbst, dass die Lösung der Tibetfrage eine einzigartige Gelegenheit für sie ist, um sich ein gutes Image in der Welt zu verschaffen. Bis jetzt ist die Politik gegenüber Tibet eine Quelle ständiger Kritik für Peking, und das liegt nicht im Interesse der Machthaber.»[65]

Anhang

Die chinesische Dynastien

Zeit	Dynastie
2100–1600 v. Chr.	Xia-Dynastie
1600–1025 v. Chr.	Shang-Dynastien
1025–771 v. Chr.	Westliche Zhou-Dynastie
770–256 v. Chr.	Östliche Zhou-Dynastie
445–221 v. Chr.	Zeit der Streitenden Reiche
221–206 v. Chr.	Qin-Dynastie
206 v. Chr.–9 n. Chr.	Westliche Han-Dynastie
9–24	Xin-Dynastie
24–220	Östliche Han-Dynastie
220–280	Zeit der Drei Reiche
280–316	Westliche Jin-Dynastie
316–420	Östliche Jin-Dynastie
420–589	Nördliche und südliche Dynastien
589–618	Sui-Dynastie
618–907	Tang-Dynastie
907–960	Fünf Dynastien
907–1124	Liao-Dynastie
960–1127	Nördliche Song-Dynastie
1127–1279	Südliche Song-Dynastie
1279–1368	Yuan-Dynastie
1368–1644	Ming-Dynastie
1644–1912	Qing-Dynastie

Weiterführende Literatur

Armbrüster, Georg, Kohlstruck, Michael, Mühlberger, Sonja (Hg.): Exil Shanghai, Jüdisches Leben in der Emigration, Berlin 2000

Bauer, Wolfgang (Hg.): China und die Fremden. 3000 Jahre Auseinandersetzung in Krieg und Frieden, München 1980

Blume Georg: China ist kein Reich des Bösen – Trotz Tibet muss Berlin auf Peking setzen, Hamburg 2008

Brown, Melissa J. (Hg.): Negotiating Ethnicities in China and Taiwan. Seattle WA, 1996

Chang, Jung und Halliday, Jon: Mao. Das Leben eines Mannes, das Schicksal eines Volkes, München 2005

Coler, Ricardo: Das Paradies ist weiblich. Eine faszinierende Reise ins Matriarchat, Berlin 2009

Dikötter, Frank: The discourse of race in modern China, Palo Alto CA, 1992

Eberhard, Wolfram: Geschichte Chinas, Stuttgart 1971

Ders: China und seine westlichen Nachbarn, Darmstadt 1978

Ders: China's Minorities: Yesterday and Today, Florence KY, 1982

Eichhorn, Werner: Kulturgeschichte Chinas, Stuttgart 1964

Ders: Die Religionen Chinas, Stuttgart 1973

Efferth, Monika und Thomas: Zwischen Wolkenbergen und Schamanen. Yunnan, Chinas bezaubernder Südwesten, Bad Honnef 2008

Fitzgerald, Charles P.: Kindlers Kulturgeschichte. China, München 1967

Ders: Die Chinesen. Das Volk der Gegensätze, München 1977

Franke, Wolfgang: China und das Abendland, Göttingen 1962

Franz, H. G. (Hg.): Kunst und Kultur entlang der Seidenstraße, Graz 1986

Freyeisen, Astrid: Shanghai und die Politik des Dritten Reiches, Würzburg 2000

Gernet, Jacques: Die chinesische Welt, Frankfurt/M. 1979

Gladney, Dru C./Learning, Thomas: Ethnic Identity in China. The Making of a Muslim Minority Nationality, Alamogordo NM, 1997

Gladney, Dru C.: Dislocating China: Muslims, Minorities and the other Subaltern Subjects, Chicago, IL 2004

Göttner-Abendroth, Heide: Matriarchat in Südchina. Eine Forschungsreise zu den Mosuo, Stuttgart 1998

Goikhman, Izabella: Juden in China, Diskurse und ihre Kontextualisierung, Berliner China Studien, 47, 2007

Grobe-Hagel, Karl: Hinter der Großen Mauer: Religionen und Nationalitäten in China, Frankfurt/M., 1991

Guldin, Gregory Eliyu, u. a.: Anthropology in China, Armonk NY, 1991

Guter, Josef, Lexikon zur Geschichte Chinas, Wiesbaden 2004

Haenisch, Erich: Die geheime Geschichte der Mongolen, Düsseldorf 1981

Heberer, Thomas: Nationalitätenpolitik und Entwicklungspolitik in den Gebieten nationaler Minderheiten in China, Bremen 1982

Ders: Probleme der Nationalitätentheorie und des Nationalbegriffs. In: Internationales Asienforum, 1–2, Freiburg 1985

Ders: Ethnic Minorities in China, Aachen 1987

Ders: Ökonomische und gesellschaftliche Modernisierung – Ethnische Minderheiten in der Volksrepublik China im Spannungsfeld von Fortschritt und kultureller Tradition. In: Häßler, Hans-Jürgen/Heusinger, Christian von: Kultur gegen Krieg, Wissenschaft für den Frieden, Würzburg 1989

Ders: Droht dem chinesischen Reich der Zerfall?, Köln 1991

Ders: Some Considerations on China's Minorities in the 20th Century, Duisburg 2000

Hopkirk, Peter: Die Seidenstraße, München 1986

Hoppe, Thomas: Die ethnischen Gruppen Xinjiangs: Kulturunterschiede und interethnische Beziehungen, Hamburg 1995

Jettmar, Karl: Die frühen Steppenvölker, Baden Baden 1980

Kadeer, Rebiya und Cavelius, Alexandra: Die Himmelsstürmerin. Chinas Staatsfeindin Nr. 1 erzählt aus ihrem Leben, München 2007

Kisch, Egon Erwin, China geheim!, Berlin 1993

Kremb, Jürgen: Reportagen aus China. Einblicke in die Volksrepublik, Taiwan, Hongkong und Tibet, Hamburg 1987

Knödel, Susanne: Die matrilinearen Mosuo von Yongning, Münster 1995

Latsch, Marie-Luise: Sitten und Gebräuche der Hui in China, Beijing 1989

Lipman, Jonathan: Familiar Strangers: A History of Muslems in Northwest China, Seattle WA, 1998

Litzinger, Ralph: Other China: The Yao and the Politics of National Belonging, Durham NC, 2000

Li Wenchao: Die christliche China-Mission im 17. Jahrhundert: Verständnis, Unverständnis, Missverständnis, Stuttgart 2000

Ludwig, Klemens: Tibet. Eine Länderkunde, München 1989

Ders.: Dalai Lama. Botschafter des Mitgefühls, München 2008

Lutz, Albert (Hg.): Der Goldschatz der Drei Pagoden: Buddhistische Kunst des Nanzhao- und Dali-Königreichs in Yunnan, China. Zürich 1991

Ders.: Der Tempel der Drei Pagoden von Dali. Zur buddhistischen Kunst des Nanzhao- und Dali-Königreichs in Yünnan, China, Zürich 2000

Mackerras, Colin: Uighur Empire According to the Tang, Columbia CS, 1973

Malek, Roman (Hg.): From Kaifeng ... to Shanghai. Jews in China, St. Augustin 2000

Meniconzi, Alessandra: Hidden China. Auf den Spuren alter Traditionen, Königswinter 2008

Murr, C. G. V.: Versuch einer Geschichte der Juden in China. Nebst P. Ignaz Köglers Beschreibung ihrer heiligen Bücher in der Synagoge zu Kaifong-fou, Reprint von 1874

Nentwig, Ingo: Nationalitäten und Nationalitätenpolitik in der VR China. In: Marxistische Blätter, Essen 09/08

Palmer Kaup, Katherine: Creating the Zhuang. Ethnic Politics in China, Boulder CO, 2000

Postiglione, Gerard: China's National Minority Education: Culture, Schooling and Development, Princeton NJ, 1999

Pu Yi: Ich war Kaiser von China, München 1986

Reusch, Thea: Die Minderheiten Südchinas: Gratwanderung zwischen Politik und Tradition, Essen 1994

Rhoads, Edward: Manchus & Han: Ethnic Relations and the Political Power in Late Qing and Early Republican China, 1861–1928, Seattle 2000

Rudelson, Justin: Oasis Identities: Uighur Nationalism Among China's Silk Road, Irvington NY, 1998

Schein, Louisa: Minority Rules: The Miao and the Feminine in China's Cultural Politics, Durham NC, 2000

Schmidt-Glintzer, Helwig: Das alte China, Von den Anfängen bis zum 19. Jahrhundert, München 1995

Ders: China. Vielvölkerreich und Einheitsstaat, München 1997

Stockwell, Foster: Religion in China Today, Beijing 2003

Svanberg, Ingvar: China's Last Nomads. The History and Culture of China's Kazak, Armonk NY, 1998

Teufel Dreyer, June: China's Forty Millions. Minority nationalities and national integration in the People's Republic of China, Harvard Cambridge 1976

Wang, Shu-tang: China, Land of Many Nationalities, Beijing 1955

Weggel, Oskar: Xinjiang/Sinkiang. Das zentralasiatische China, Hamburg 1984

Ders: China. Eine Länderkunde, München 1988

Ders: Geschichte Chinas im 20. Jahrhundert, Stuttgart 1989

Ders: China im Aufbruch, München 1997

Weiers, Michael: Geschichte der Mongolen, Stuttgart 2004

Wolf, Nokter/Mühlstedt, Corinna: Im Schatten des großen Drachen, Stuttgart 2008

Anmerkungen

1 Kolonko, Petra, Empörung über Manipulationen, in: Frankfurter Allgemeine Zeitung, 17. 8. 2008

2 U. a. Hienstorfer, Erik, Ministerialrat Dr. jur., in: Wissenschaftlicher Dienst des Deutschen Bundestags, Expertise vom Juli 1987 zum völkerrechtlichen Status von Tibet: «Die Effektivität tatsächlicher Herrschaftsgewalt über ein Gebiet vermag keinen Gebietserwerb zu bewirken, der sich nicht im Rahmen des Völkerrechts hält. Die Staatengemeinschaft geht zwar davon aus, dass Tibet Teil des chinesischen Staatsverbands ist, doch wurde der Status Tibets nie geklärt. Zum Zeitpunkt der gewaltsamen Einverleibung Tibets in den chinesischen Staatsverband war es ein unabhängiger Staat.

China hat keinen wirksamen Gebietstitel erworben, weil dem das Grundprinzip des aus dem Gewaltverbot hervorgehenden Annexionsverbots entgegensteht. Die Effektivität tatsächlicher Herrschergewalt über ein Gebiet vermag keinen Gebietserwerb zu bewirken, der sich nicht im Rahmen des Völkerrechts hält.»

Klein, Eckart, Prof. Dr. jur: «Ungeachtet des ziemlich unpräzisen Begriffs der Suzeränität, mit der das machtpolitische Verhältnis zwischen China und Tibet im achtzehnten und neunzehnten Jahrhundert umschrieben wurde, ist mit dem Ende der Mandschu-Dynastie in China 1911 faktisch die chinesische Herrschaft über Tibet zum Erliegen gekommen. Sie ist erst 1950 durch den gewaltsamen Einmarsch volkschinesischer Truppen erneut und stärker denn je hergestellt worden. Ein rechtsgültiger Gebietserwerbstatbestand kann hierin aber nicht gesehen werden. Territorialerwerb durch Einsatz militärischer Mittel ist rechtswidrig; Annexionen sind seit der Verkündigung der Stimson-Doktrin (1932) auch durch Zeitablauf nicht heilbar …» (Aus: Ludwig: Perspektiven für Tibet, München 2000, S. 67)

Außerdem Schmitz, Gerald: Tibet und das Selbstbestimmungsrecht der Völker, Berlin 1998, sowie Van Walt Van Praag, Michael: The Status of Tibet. History, Rights and Prospects in International Law, New York 1987

3 Stalin, J. W.: Marxismus und Nationale Frage, in: Werke, Band 2, Dortmund 1976, S. 272

4 Heberer, Thomas: Nationalität und ethnische Identifizierung in der VR China, in: Minoritas 2/86, S. 27

5 Bauer, Wolfgang: China und die Fremden, 3000 Jahre Auseinandersetzung in Krieg und Frieden, München 1980, S. 11

6 Grobe-Hagel, Karl: Hinter der großen Mauer, Religionen und Nationalitäten in China, Frankfurt 1991, S. 17

7 Heberer, Thomas: Ethnische Minderheiten, in: Informationen zur politischen Bildung, Nr. 289/2005, S. 48

8 Schmidt-Glintzer, Helwig: China. Vielvölkerreich und Einheitsstaat, München 1997, S. 130

9 Franke, Wolfgang: China und das Abendland, Göttingen 1962, S. 22

10 Nentwig, Ingo, Nationalitäten und Nationalitätenpolitik in der VR China, in: Marxistische Blätter, 09/08.

11 Sun Yatsen: Die Grundlehren von dem Volkstum, Berlin 1927, S. 24

12 Hinz, Manfred (Hg.): Räte-China. Dokumente der chinesischen Revolution (1927–31), Frankfurt/M., Berlin, Wien 1973, S. 500 f.

13 Mao Zedong: Revolutionary Writing, Vol. VI, London 2004, S. 306

14 Schmidt-Glintzer, a. a. O., S. 21

15 Zahlen nach Schmidt-Glintzer, a. a. O., S. 38

16 Grobe-Hagel, a. a. O., S. 25

17 China Facts & Figures, Foreign Language Press, Beijing, November 1982, S. 1

18 Jung Chang und Jon Halliday: Mao. Das Leben eines Mannes, das Schicksal eines Volkes, München 2005, S. 574

19 Die Zeit: Liu im Kesseltreiben der Roten Garden, 14. April 1967

20 Heberer, Thomas, a. a. O., 2005, S. 49

21 U. a. Human Rights Watch, Info September 2007

22 International Campaign for Tibet: Tibet Briefing, Januar 2009

23 Brennpunkt Tibet, Berlin, 02/08, S. 7

24 U. a. Menschenhandel: Lasche Gesetze fördern die Sklaverei in China, in: Die Welt, 27. 7. 2007

25 Landwehr, Andreas: Wo keine Frau zu werben ist, blüht der Erwerb. Menschenhandel in China, in: ChinaFokus, Juli 2002

26 Heberer, Thomas, a. a. O., 2005, S. 49

27 Tibetfocus, Durch Chinas Staudämme werden die Tibeter noch ärmer, 21. 12. 2006, http://tibetfocus.com/gm/archives/00000309.html

28 Tibetfocus, a. a. O. 2006

29 Tibetfocus, a. a. O. 2006

30 www.german.china.org

31 Müller-Diesing, Johannes: Strukturen und Auswirkungen des Tourismus in Yunnan – Am Beispiel der Naxi in Lijiang, Ludwig-Maximilians-Universität, München 2007, siehe auch www.chinaweb.de

32 Müller-Diesing, Johannes, a. a. O.

33 China Facts & Figures, a. a. O. S. 2

34 Gordon, Raymond, G. Jr. (Hg.): Languages of the World, Dallas 2005, siehe auch www.ethnologue.com

35 Heberer, Thomas, a. a. O., 1986, S. 25

36 Wodiunig, Tina: Yunnans Minderheiten. Zwischen Integration und Assimilation, in: Pogrom, Nr. 175, Februar/März 1994, S. 26

37 Grobe-Hagel, a. a. O., S. 281

38 Zu den genauen Zahlen siehe: Ludwig, Klemens: Tibet – eine Länderkunde, München 2006, S. 82

39 The Australian, 8. 11. 2008

40 Corff, Oliver: Die Südliche Mongolei – Autonomes Gebiet Innere
Mongolei, in: Pogrom, Zeitschrift der Gesellschaft für bedrohte Völker,
1/1994

41 Siehe u. a. www.china-guide.de/china/religionen

42 China: Religionsfreiheit von Verfassung garantiert, Die Welt, 18. 7. 2007

43 U. a. Fischer Weltalmanach, Frankfurt 2009

44 U. a. www.igfm.at

45 China Facts and Figures 2007: Religious Beliefs, www.china.org.cn

46 BBC – Religion & Ethics – Islam in China, Oktober 2002, www.bbc.
co.uk/religion

47 BBC – Religion & Ethics – Islam in China, Oktober 2002, www.bbc.
co.uk/religion

48 Guter, Josef, Lexikon zur Geschichte Chinas, Wiesbaden 2004, S. 255

49 http://de.wikipedia.org/wiki/Ritenstreit

50 Ulrich, Stefan: China öffnet dem Papst die Tür, in: Süddeutsche Zeitung
23. 8. 2008

51 Fischer Weltalmanach, China, Frankfurt 2009

52 Guter, Josef, a. a. O., S. 256

53 Radio Vatikan: Heilige-Land-Pilger aus China, eine Premiere, 8. 2. 2007

54 Guter, Josef, a. a. O., S. 385

55 Oblau, Gotthard: Die evangelische Kirche in China. Eine Situationsbe-
schreibung, Essen 28. 12. 2007, www.ekd.de

56 Idea: Christen in China, die kommende evangelikale Führungsmacht,
15. 6. 2008

57 Mühlstedt, Corinna: Christen im Reich der Mitte. Chinas Protestanten
auf Identitätssuche, SWR2-Glauben, 17. 8. 2008

58 Oblau, a. a. O.

59 Meyer, Carolin: Fluchtpunkt Shanghai, in: Paulinus, Wochenzeitung im
Bistum Trier, 8. 1. 2006, http://www.wochenzeitung.paulinus.de/ar-
chiv/0601/report.htm

60 Meyer, a. a. O., 15. 1. 2006

61 Http://www.cjss.org.cn/newal.htm

62 Sandschneider, Eberhard: Tagesschau-Chat vom 18. März 2008, www.
tagesschau.de

63 Heberer, Thomas: Die Verteufelung Chinas, in: die tageszeitung, 16. 4.
2008

64 Interview: Nicht nur Lichtgestalt, in: Südwest Presse, 24. 6. 2008

65 Interview mit dem Autor

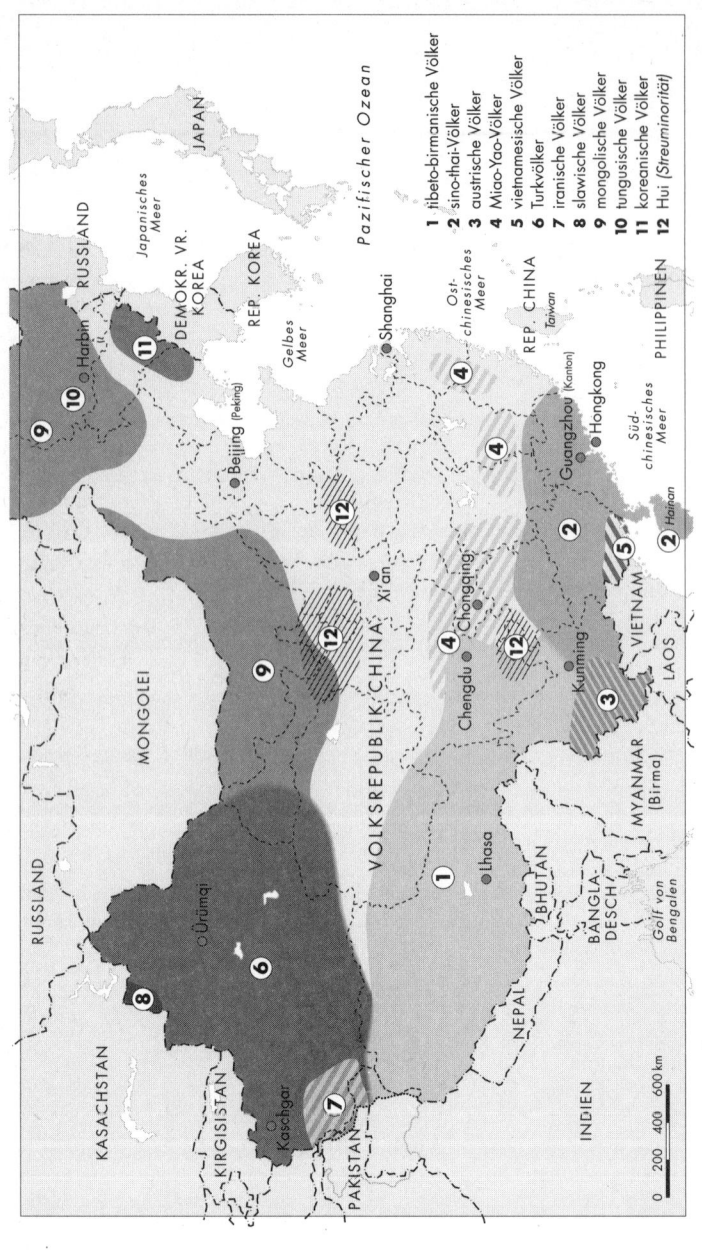

Traditionelle Siedlungsgebiete der nichtchinesischen Nationalitäten. In vielen Gebieten dominieren heute die Chinesen (Han).

1 tibeto-birmanische Völker
2 sino-thai-Völker
3 austrische Völker
4 Miao-Yao-Völker
5 vietnamesische Völker
6 Turkvölker
7 iranische Völker
8 slawische Völker
9 mongolische Völker
10 tungusische Völker
11 koreanische Völker
12 Hui *(Streuminorität)*